马克思主义简明读本

社会主义本质论

丛书主编：韩喜平

本书著者：杨 艺

编 委 会：韩喜平 邵彦敏 吴宏政
王为全 罗克全 张中国
王 颖 石 英 里光年

吉林出版集团股份有限公司

图书在版编目（ＣＩＰ）数据

社会主义本质论/杨艺著.--长春:吉林出版集团股份有限公司，2013.9
（马克思主义简明读本）（2019.2重印）

ISBN 978-7-5534-2614-3

Ⅰ.①社…Ⅱ.①杨…Ⅲ.①科学社会主义理论—研究Ⅳ.①D0-0

中国版本图书馆CIP数据核字(2013)第174251号

社会主义本质论
SHEHUI ZHUYI BENZHI LUN

丛书主编：韩喜平
本书著者：杨　艺
项目策划：周海英　耿　宏
项目负责：周海英　耿　宏　宫志伟
责任编辑：陈　曲　李井慧
出　　版：吉林出版集团股份有限公司
发　　行：吉林出版集团社科图书有限公司
电　　话：0431-86012746
印　　刷：北京一鑫印务有限责任公司
开　　本：710mm×960mm　1/16
字　　数：100千字
印　　张：12
版　　次：2013年9月第1版
印　　次：2019年2月第2次印刷
书　　号：ISBN 978-7-5534-2614-3
定　　价：29.70元

序　言

习近平总书记指出，青年最富有朝气、最富有梦想，青年兴则国家兴，青年强则国家强。青年是民族的未来，"中国梦"是我们的，更是青年一代的，实现中华民族伟大复兴的"中国梦"需要依靠广大青年的不断努力。

要提高青年人的理论素养。理论是科学化、系统化、观念化的复杂知识体系，也是认识问题、分析问题、解决问题的思想方法和工作方法。青年正处于世界观、方法论形成的关键时期，特别是在知识爆炸、文化快餐消费盛行的今天，如果能够静下心来学习一点理论知识，对于提高他们分析问题、辨别是非的能力有着很大的帮助。

要提高青年人的政治理论素养。青年是祖国的未来，是社会主义的建设者和接班人。党的十八大报告指出，回首近代以来中国波澜壮阔的历史，展望中华民族充满希望的未来，我们得出一个坚定的结论——实现中华民族伟大复兴，必须坚定不移地走中国特色社会主义道路。要建立青年人对中国特色社会主义的道路自信、理论自信、制度自信，就必须要对他们进行马克思主义理论教育，特别是中国特色社会主义理论体系教育。

要提高青年人的创新能力。创新是推动民族进步和社会发展的不竭动力，培养青年人的创新能力是全社会的重要职责。但创新从来都是继承与发展的统一，它需要知识的积淀，需要理论素养的提升。马克思主义理论是人类社会最为重大的理论创新，系统地学习马克思主义理论有助于青年人创新能力的提升。

要培养青年人的远大志向。"一个民族只有拥有那些关注天空的人，这个民族才有希望。如果一个民族只是关心眼下脚下的事情，这个民族是没有未来的。"马克思主义是关注人类自由与解放的理论，是胸怀世界、关注人类的理论，青年人志存高远，奋发有为，应该学会用马克思主义理论武装自己，胸怀世界，关注人类。

正是基于以上几点考虑，我们编写了这套《马克思主义简明读本》系列丛书，以便更全面地展示马克思主义理论基础知识。希望青年朋友们通过学习，能够切实收到成效。

韩喜平

2013年8月

目　录

引　言

　　"社会主义本质和根本任务"在邓小平理论中占有十分重要的地位。1978年之后，邓小平在领导中国人民改革开放、全面推进社会主义现代化建设的过程中，不断提出和反复思考的首要的基本理论问题就是"什么是社会主义，怎样建设社会主义"。这一问题包括两个相互联系的理论，一个是社会主义本质理论，另一个是社会主义发展道路理论。社会主义本质理论规定了社会主义本质属性的科学内涵，社会主义发展道路理论指明了社会主义建设道路的具体途径，两者相辅相成，构成了邓小平理论的核心内容。

　　本书主要由三部分组成：

　　第一部分介绍社会主义本质理论形成的理论前提。

　　邓小平的社会主义本质理论一方面吸收了马克思、恩格斯、列宁、斯大林等关于社会主义的理论阐述；另一方面，是在总结我国和其他国家社会主义胜利和挫折的历史经验的基础上形成和发展起来的。1956年，苏共二十大之后，以毛泽东为核心的第一代中央领导集体开始探索马克思主义基本原理同中国实际的"第二次结合"，即探索适合中国国情的社会主义建设道路，既取得过巨大成就，其中以毛泽东在1956年和1957年发表的《论十大关系》和《关于正确处理人民内部矛盾的问题》两篇重要讲话为主要代表，形成了中国社会主义建设道路初步探索的理论成果，也遭受过重大挫折，如犯了"大跃进"、"文化大革命"等严重错误，给社会经济发展造成了巨大损失。但是，探索中提出的一些理论观点和方针政策，尽管有的还不够成熟，有的并未付诸实施，有的在实践中没能得到坚持，但却为邓小平社会主义本质理论的形成提供了重要的思想来源。探索中所经历的曲折和失误，也从正反两个方面为建设有中国特色社会主义道路的开辟积累了宝贵的经验。同时苏联等其他社会主义国家兴衰成败的历史经验也为邓小平理论的形成提供了借鉴。

第二部分介绍社会主义本质理论的形成与内涵。

邓小平对社会主义本质理论所作的理论概括，是从由于没有解决好"什么是社会主义，怎样建设社会主义"这个基本理论问题，才导致社会主义在其实践过程中经历了无数次艰难曲折这一实际出发，经过深入思考后提出来的，使人能从更深层次上科学理解什么是社会主义，从而为进一步探索中国特色社会主义道路提供理论基础。社会主义本质理论的雏形基本上是在20世纪80年代构建出来的。1980年5月，邓小平第一次提出"社会主义本质"这个概念，他指出："社会主义是一个很好的名词，但是如果搞不好，不能正确理解，不能采取正确的政策，那就体现不出社会主义的本质。"1980年5月，邓小平在讲话中说："讲社会主义，首先就要使生产力发展，这是主要的。"1990年12月24日，邓小平指出，社会主义最大的优越性就是共同富裕，这是体现社会主义本质的一个东西。1992年邓小平在南方谈话中，对社会主义本质作出了完整的表述："社会主义的本质，是解放生产力，发展生产力，消灭剥削，消除两极分化，最终达到共同富裕。"

第三部分介绍社会主义的根本任务。

从社会主义本质的高度认识社会主义的根本任务是解放

生产力，发展生产力。邓小平把发展问题提到了社会主义生死存亡的高度，邓小平指出发展才是硬道理，发展是党执政兴国的第一要务，科学技术是第一生产力，并且指出，大力促进先进生产力的发展是中国共产党站在时代前列、保持先进性的根本体现和根本要求。

第一章　社会主义本质理论形成的理论前提

要研究社会主义本质和根本任务这个问题，首先一定要了解这个理论能够形成的历史条件、历史背景以及它之所以能够产生所依赖的理论渊源。

众所周知，要想了解社会主义本质论的理论渊源，自然要从马克思主义经典理论入手进行研究，所以我们首先要学习马克思、恩格斯、列宁、斯大林的社会主义理论。本章的第一节较为详细地阐述了马克思、恩格斯，列宁以及斯大林的社会主义理论，使大家对这些马克思主义最经典理论作家的社会主义理论思想有一个大致的了解，为后面研究社会主义本质问题打下理论基础。

本章的第二节主要介绍了以毛泽东为核心的第一代中央领导集体在对适合中国国情的社会主义道路的初步探索

中，所取得的一些重要理论成果。新中国成立之初，由于缺乏经验，我国最初模仿照搬苏联模式进行社会主义建设。社会主义改造基本完成后，以毛泽东为核心的第一代中央领导集体就开始探索如何把马克思列宁主义的基本原理同中国革命和建设的具体实际进行"第二次结合"，找到在中国进行社会主义革命和建设的正确道路。在这种时代背景下，毛泽东分别在1956年和1957年发表了《论十大关系》和《关于正确处理人民内部矛盾的问题》两篇重要讲话。从一定意义上来说，《论十大关系》和《关于正确处理人民内部矛盾的问题》代表了我们党对"什么是社会主义，怎样建设社会主义"这一历史性课题最早的、又是非常重要的理论上的思考，是中国社会主义建设道路初步探索的理论成果。

此外，周恩来、陈云、朱德等在经济管理体制改革方面也进行了一些有益的探索，提出了"三个主体、三个补充"等重要思想。以毛泽东为主要代表的中国共产党人在中国社会主义道路的初步探索中提出的许多重要思想，尽管现在看来有的是不够成熟的，有的当时还并未付诸实施，有的虽然付诸了实施，但是在实践中却没能一直坚持下去，但它们都为后来的探索做了开创性工作，打下了坚实的基础，有着十分重要的理论和实践价值，对我们今天进行社会主义建设仍具有伟大的指导意义。

不过，在对社会主义建设道路的探索上，我们党对社会主义的认识不是一步到位的，社会主义实践也不是一帆风顺的，而是历经了很多的曲折和失误，往往是错误与正确、迷惘与清醒、挫折与成功相互渗透和交织在一起的。本章的第三节讲述了党对社会主义认识的曲折发展。通过回顾"大跃进"、人民公社以及"文化大革命"等具有代表性的事件，概括了在这些建设的实践中，毛泽东、周恩来、陈云等对社会主义建设进行的探索。

实事求是、以经济建设为中心、与时俱进是本章讨论社会主义本质理论形成的理论前提问题时，总结出的理论精髓。坚持实事求是的思想路线，是社会主义现代化建设的根本保证。在社会主义建设的任何时候，都要牢牢把握经济建设这个中心，只有坚持这个中心，党的事业才能顺利前进。只有坚持与时俱进，我们才能在社会主义建设的实践中，不断进行理论创新和实践创新，不断丰富和发展建设中国特色社会主义的理论、路线、纲领、方针和政策，使党的事业在实践中不断开拓前进。

第一节　社会主义本质理论的思想渊源

马克思、恩格斯、列宁、斯大林不仅是马克思主义的理论家，而且是探索中国特色社会主义道路的中国共产党人最伟大的革命导师。从中国共产党人对中国特色社会主义建设道路的探索到社会主义本质理论的形成提出，都是以马克思、恩格斯、列宁的社会主义理论为理论基础，斯大林的社会主义理论对当代中国特色的社会主义建设更是具有借鉴和警示作用。因此，研究社会主义本质理论，首先要了解社会主义本质理论形成的理论渊源，即马克思、恩格斯、列宁、斯大林等马克思主义经典作家关于社会主义的理论阐述。

一、马克思、恩格斯的社会主义理论

马克思、恩格斯生活的年代，虽然资本主义处于上升时期，但社会主义思想已经存在了数百年。19世纪三四十年

代，随着资本主义社会固有矛盾的不断暴露，社会主义思想日益广泛传播，主要代表有法国的圣西门、傅立叶和英国的欧文。他们尖锐地批判了资本主义制度，对未来的社会主义社会提出了许多天才的设想。但由于他们不能揭示资本主义社会的发展规律，不了解社会基本矛盾的运动是社会发展的根本动力，他们的学说还只能是空想。马克思、恩格斯在吸取了人类历史上一切优秀文化传统的基础上，结合当时社会主义运动的实践，从各个方面对社会主义理论进行了科学探索和阐述，创立了科学社会主义理论体系。

（一）马克思、恩格斯以唯物史观为基础，批判地吸取了空想社会主义的某些思想，提出了社会主义的基本构想

空想社会主义者，特别是19世纪三大社会主义空想家法国的圣西门、傅立叶和英国的欧文，对"有产者和无产者之间、资本家和雇佣工人之间的阶级对立和统治于生产中的无政府状态"进行细致的分析与考察后，提炼出了对未来社会主义社会的一些设想。在他们的脑海中，未来的社会主义社会应该是：雇佣劳动制必然被消灭，私有制必然被消灭，旧的社会分工必然被消灭，三大差别定将被消除，按劳分配

和按能（能力）分配将被广泛提倡，人的个性将得到全面广泛的发展，国家可能会进化成纯粹的生产管理机构等。只有在这样的社会生活中，占生产生活绝大部分的劳动者的根本利益才能得到充分的体现，也只有在这样的社会生活中，合理、公正、平等才会在社会化大生产、社会整体财富的分配、权力以至于团体领域中全面地体现出来，不合理的社会中存在的种种弊病届时将被通通消除。

马克思、恩格斯充分肯定了空想社会主义思想家提出的对社会主义的设想，认为"他们天才地预示了我们现在已经科学地证明了其正确性的无数真理"。但是，马克思、恩格斯认为这些社会主义设想"含有十分虚幻和空想的性质"。他们批判了空想社会主义者只考察人们历史活动的思想动机，把社会发展的实质原因归结为个别英雄人物的意志力量，看不到物质生产方式是决定社会历史发展的终极原因，看不到广大劳动者在社会历史活动中的伟大作用等种种弊端。

马克思、恩格斯在批判地继承了空想社会主义理论的基础上，结合当时社会变革实践，创立了唯物史观和剩余价值学说，深入研究资本主义社会中生产的社会化和生产资料私人占有之间的基本矛盾，发现了资本主义社会的发展规律，揭示出人类社会发展的最一般规律，即社会基本矛盾推动人类社会不断由低级社会形态向高级社会形态发展，社会主义代替资本主义是人类社会发展的必然趋势。马克思、恩格斯认为，东方落后国家可以走与西方不同的发展道路，当时的俄国和其他资本主义尚不发达国家可以跨越资本主义制度的"卡夫丁峡谷"，而进入社会主义。马克思、恩格斯还指出，社会主义可以和其他任何社会制度一样，应是经常变化和改革的社会，科学社会主义原理的实际运用随时随地都要以当时的历史条件为转移，因此，必须把社会主义置于现实基础之上。马克思、恩格斯对科学社会主义的基本构想，为后人建设社会主义社会指明了正确方向，从而把人们对社会主义的认识奠定在科学的基础上，创立了科学社会主义学说。

（二）马克思、恩格斯深刻剖析了近代资本主义社会的弊端，科学预见了社会主义社会的基本特征

马克思运用唯物史观去研究资本主义社会的运动规律，创立了剩余价值学说。剩余价值学说揭示了资本家剥削工人的秘密，揭示了资本主义生产方式的对抗性和历史局限性，

阐明了资本主义产生、发展及其灭亡的一般规律，从而科学地揭示了人类社会发展的一般规律，为无产阶级进行解放斗争提供了理论武器。马克思、恩格斯认为，资本主义社会在代替封建社会后虽然在人类历史的发展中曾发挥过巨大的历史进步作用，但随着社会生产力的不断发展，它自身存在的生产资料私人占有与生产的社会化这个最基本的矛盾日趋尖锐，并引发各种危机，最终会导致这个社会演变为"一个全新的社会组织"，在这个全新的社会组织里，整个社会中按照确定的计划和社会全体成员的需要将取代相互竞争的厂主，对工业生产进行领导。而这个"全新的社会组织"，就是社会主义社会。

马克思、恩格斯曾经在不同的场合，从不同的角度多次论述这个未来社会的基本特征，概括起来，主要包括以下五个方面内容：

第一，全社会共同占有生产资料，消灭私有制。恩格斯强调指出，社会主义社会"同现有制度的具有决定意义的差别当然在于，在实行全部生产资料公有制（先是单个国家实行）的基础上组织生产"。唯其如此，才能消除产生阶级剥削和两极分化的根源。

第二，在个人消费品分配方面，实行等量劳动领取等量报酬。由于生产资料占有制与生产成果的分配原则紧密联系在一起，因而在生产的起点上，既然实行生产资料是共有的，那么在生产的终点上，个人消费品必然实行按劳分配原则（社会主义阶段），这样一来，就从根本上防止了因生产资料占有条件的不同而占有他人劳动的这一情况。

第三，按照社会整体需要对社会生产进行有计划的调节，不再通过市场机制和价值规律调节。

第四，过渡时期内推进无产阶级专政。"这种专政是达到消灭一切阶级差别，达到消灭这些差别所产生的一切生产关系，达到消灭和这些生产关系相适应的一切社会关系，达到改变由这些社会关系产生出来的一切观念的必然的过渡阶段。"在过渡时期之后，阶级和国家将会逐步消亡。

第五，共产主义社会将是一个自由人的联合体。在那里，公共的权力将失去政治性质，社会、生产将采取自由人联合体的形式组织起来。"在那里，每个人的自由发展是一切人的自由发展的条件。"这些本质特征是社会主义同以往一切社会形态，尤其是资本主义相区别的根本所在。但马克思所设想的社会主义的特征，是以发达资本主义国家为基础的，而我国是在经济文化比较落后的基础上建设社会主义社会，在这样的现实基础上建设的中国特色社会主义必然不同于马克思、恩格斯预示的那个社会主义。

（三）马克思、恩格斯认为未来社会主义社会将实现价值创造者和价值享用者的同一，从而达到人的彻底解放

马克思、恩格斯认为，虽然人类为了实现自身的解放而不懈地追求着，世世代代都在不断创造价值，但是，在私有制社会特别是在资本主义社会里，劳动者与剥削者之间存在着尖锐的利害冲突，彼此根本对立，他们之间没有共同的价值目标，更谈不上达到人的真正解放，即使从自然中解放出来了，也会被社会的枷锁束缚起来。

马克思、恩格斯在考察了私有制社会的状况之后，认为由于从根本上消灭了人剥削人、奴役人的私有制度，社会主义社会的劳动者能建立共同的价值观。劳动人民将成为社会主义社会的管理者，劳动群众既是价值的创造者，又是价值的享用者，他们处于价值的主体地位。马克思、恩格斯深切地关注和关怀工人阶级以及劳苦大众的命运，以解放无产阶级以及全人类为己任。要使人获得真正的解放，不仅要从自然中解放出来，更要从社会关系中解放出来，使人成为真正意义上的人。他们认为，科学社会主义的价值目标，是要实现共产主义，而马克思、恩格斯所理解的共产主义，是人的全面自由发展的社会。

马克思在《共产党宣言》中指出："代替那存在着阶级和阶级对立的资产阶级旧社会的，将是这样一个联合体，在那里，每个人的自由发展是一切人的自由发展的条件。"由于马克思、恩格斯发现了价值主体力量——无产阶级，他们便指出要实现人的解放，无产阶级必须进行革命性的社会实践活动，才能真正实现自身的价值，这就从根本上与一切唯心主义价值观划清了界限，使社会主义价值原则建立在科学、现实的基础之上。

二、列宁的社会主义理论

在无产阶级革命导师中，列宁是第一个亲自领导社会主义建设实践的革命领袖，也是第一个系统地、具体地阐述了建设社会主义理论的思想家，他在领导苏联人民进行七年的社会主义实践中，对如何建设社会主义这个问题进行了全面而深入的思考，最终逐步形成了自己丰富而科学的社会主义理论体系。

（一）将"文明"与"合作"定义为社会主义的特征

十月革命以前，列宁把社会主义的特征简单地概括为四点：（1）消灭商品经济；（2）单一的公有制；（3）按劳分配；（4）计划经济。伴随着十月革命的结束，列宁对社会主义的认识有了质的深化，即不再将上述的四点理解为社会主义的主要特征，而是将"文明"与"合作"定义为社会主义的特征，"文明的合作社工作者的制度就是社会主义的制度"。

第一，列宁认为"文明"是社会主义的一个特征。社会主义不是贫穷的，社会主义也不是愚昧的，社会主义必须有高度发达的物质文化，同时更要有高度发达的"纯文化"，"共产主义就是苏维埃政权加全国电气化"。

第二，列宁认为社会主义一定要是"合作的"，"合作"是社会主义的又一个特征。列宁认为，社会主义的生产主体包括国家资本企业、私人资本企业，同时还包括普遍存在的家庭，要想促进生产力的发展，必须建立公平有效的流通交换制度这个平台，这样人民才能过上好日子。所以，社会主义应该是一种"合作化"的制度，这种制度涵盖整个国民经济生活。在俄国，合作社是广泛存在的，所以列宁将社会主义的特征概括为"文明的合作社工作者的制度就是社会主义的制度"。

（二）在社会主义经济建设道路方面

第一，在所有制形式方面，列宁一方面认为社会主义是生产资料公有制，另一方面又明确提出社会主义所有制具有生产资料的国家所有制和合作社形式的集体所有制两种形式。随着社会主义实践的不断发展，列宁认识到在生产力发展水平低、小农生产占优势的条件下，不能一下子全面实现单一的全民所有制，还必须把合作企业作为社会主义企业的一部分，国营企业和合作制企业同时存在。"在我国现存制度下，合作企业与私人资本主义企业不同，因为合作企业是集体企业，但它与社会主义企业没有区别，如果它占用的土地和使用的生产资料是属于国家即属于工人阶级的。"同时，列宁把合作社提到了很高的程度，认为："由于我们国家制度的特殊，我国合作社具有非常重大的意义。如果把租让制单独划开，那么在我国的条件下合作制往往是同社会主义完全一致的。"可见，列宁把合作制作为社会主义所有制结构的一部分而加以肯定，不仅有流通消费领域的合作制——生产领域的合作制，而且从初级的不完全的合作制——经过工业化、电气化和文化革命发展到完全的合作化，这是列宁指出的苏维埃俄国合作制发展的规律，从而引导千百万农民积极参加社会主义建设。

第二，在商品货币方面，十月革命前，他把社会主义看作是消灭商品货币关系的社会。十月革命后，列宁认为，在社会主义社会的发展过程中，要有计划地利用商品货币关系，列宁采取的具体政策是："用粮食税代替余粮收集制"，"给小农以一定的贸易自由"，"由国家调节自由贸易"，"在国家的正确调节（指导）下活跃国内商业。"不是由国家直接组织生产和消费，而是让企业"自己对自己负责"，"对社会主义企业实行经济核算制。"列宁提出的方针是："按商业原则办企业"，"发挥每个大企业在支配资金和物资方面的独立性和主动性"，"各个托拉斯和企业建立在经济核算制基础上。"这实质上是把有计划地利用商品货币关系的原则从农村经济推广到城市的工业经济中去。实际上是为适应生产力的发展，建立以社会主义经济为主体的多层经济结构。列宁指出："直接过渡到纯社会主义的经济形式和纯社会主义的分配，不是我们力所能及的事情。"而且，不采取闭关自守的政策，要利用发达资本主义国家的资金、技术、专家、管理技巧来建设社会主义，来解决本国社会主义建设中资金不足、人才缺乏、技术落后、经营无方等问题。

第三，在政治体制改革方面，他在《怎样改组工农检查院》和《宁肯少些，但要好些》两篇文章中，认为加强国家机关建设是社会主义发展的客观要求。列宁指出，"我们国家机关及其改善的问题，是一个非常困难、远未解决同时又亟待解决的问题。改革之所以如此必要，是因为现实的国家机关带有旧机关的残余"，而且这样的机关，部门林立，机构臃肿，人浮于事，官僚主义日益泛滥，工作效率很低，办事拖拉等，这些机关已经不适应社会主义建设的需要。列宁认为，改革国家机关主要抓好以下工作：精简机构。遵循宁缺毋滥的原则，严格把好质量关，正确选拔人才，优先选拔先进工人，有知识、受过训练和教育的优秀分子，提高全体国家机关干部的文化理论水平。搞好廉政建设，使国家机关永远和人民群众保持密切联系。他这些在社会主义实践中初步总结的新观点和创造性思想，开辟了一条建设社会主义的新道路。

第四，列宁社会主义观的核心与灵魂，是人民"过好日子"的实践活动，这是列宁对社会主义最精练的阐述。列宁在不同时期针对不同的社会情况对"什么是社会主义"有过不同的论述，这些论述或是代表列宁某一时期的认识水平，或是列宁对某些事物的属性的判定。真正代表列宁对社会主义认识的是"我们把社会主义拖进了日常生活"的观点和"大家都想过好日子，……这正是社会主义"的论断，这两个论断分别从性质和目的两个方面回答了"什么是社会主义"这个问题，即社会主义是人民追求"过好日子"的实践活动。

一是列宁认为，十月革命以后，社会主义已经由一种纯理论逐渐地变为了人民的实践。"现在一切都在于实践，现在已经到了这样一个历史关头：理论在变为实践，理论由实践赋予活力，由实践来修正，由实践来检验。""对俄国来说，根据书本争论社会主义纲领的时代已经过去了，我深信已经一去不复返了。""群众生气勃勃的创造力正是新的社会生活的基本因素。""变革的意义在于：把社会主义从只是被一无所知的人谈论的教条，从书本知识和纲领变成了实际的工作。""社会主义现在已经不是一个遥远将来，或者什么抽象图景，或者什么圣像问题了。……我们把社会主义拖进了日常生活，我们应当弄清楚这一点。"不再是一种纲领，不再是抽象的教条，不再是带有庄严色彩的圣像，社会主义已经成为一种人民的实践，是人民的"日常生活"，这是列宁对社会主义特征的最深刻揭示。

二是列宁认为，社会主义的目的是人民追求"过好日子"。十月革命以前，列宁曾将社会主义的实质简单地归纳为建立单一公有制，取消资本主义生产，以有利于社会全体成员的计划生产取而代之。十月革命后，他认为社会主义是一种社会实践活动，实践的主体是人民，人民之所以要进行社会主义的伟大实践，其根本目的就是要改善自己的生活状况。由此，我们可以得出这样一个结论：建立单一公有制，实行计划生产只是社会主义的一种方法，但它还不是唯一的、正确的方法，它更不可能是社会主义的根本目的所在，社会主义的根本目的在于"大家都想过好日子"，列宁对社会主义根本目的的揭示回答了社会主义是一种什么样的实践这个问题。

三、斯大林的社会主义理论

斯大林认为社会主义的根本目的是："用在高科技基础上使社会主义生产不断完善的办法，来保证最大限度地满足整个社会经常增长的物质和文化的需要。"考察斯大林在历史的执政中的许多做法，我们可以把他的社会主义发展阶段的思想概括为以下几个方面：

（一）斯大林认为过渡时期是短暂的

斯大林对过渡时期时间长短的认定，经历了一个演变的过程。在20世纪30年代前，他基本上继承了列宁的观点，认为苏联的过渡时期可能会是一个比较漫长的历史过程。20世纪30年代以后，随着工业化在苏联的展开，同时伴随着农业集体化的启动，苏联的政治、经济和社会形势发生了很大的变化，出现了新的特点。这一时期斯大林的观点也相应地发生了变化，他改变了之前的看法，把社会主义又看成是一个短暂的发展阶段。在具体的实践中，斯大林急于结束过渡时期，这种心态使得新经济政策过早地结束了。1930年，斯大林宣布对资本主义（当时认为的资本主义）全面进攻，用行政命令和强迫办法，掀起了全国全盘集体化运动，让农民整村、整乡、整区地加入集体农庄。到1934年，全盘集体化基本完成，这也宣告社会主义社会的基础初步建成。1936年11月，斯大林宣布："我们苏联社会已经做到基本上实现社会主义，建立了社会主义制度，即实现了马克思主义者又称为共产主义第一阶段或低级阶段的制度。这就是说，我们已经基本上实现了共产主义第一阶段，即社会主义。"斯大林用宣布建成社会主义社会的方式，划定了过渡时期的终点，从而结束了这一历史时期。

（二）斯大林认为社会主义是短暂的历史阶段

斯大林在事实上判定社会主义社会阶段是一个比较短暂的时期，因而在1936年宣布建成社会主义社会之后，仅仅过了三年即1939年，斯大林就把向共产主义过渡这一任务提上了议事日程。卫国战争结束后，斯大林又重新提出向共产主义过渡这一任务，1952年苏共十九大的文件中明确提出："现在，苏联共产党的主要任务是，从社会主义逐步过渡到共产主义，最后建成共产主义社会。"在斯大林看来，社会主义社会建成后，应该立即向共产主义社会过渡；社会主义社会只是一个短暂的时期，它存在于过渡时期和共产主义社会的高级阶段之间。由于他将社会主义看作一个短暂的历史阶段，自然就没有对其进行阶段的划分，由此可见，斯大林对社会主义的长期性和阶段性均缺乏认识。

（三）斯大林降低了社会主义社会和共产主义社会的标准

第一，斯大林降低了社会主义社会物质基础上的标准。马克思和列宁都认为，只有在比资本主义社会更高的生产力水平上，社会主义社会才能建立，同时社会主义生产力的发达水平是以资本主义作为参照系的。1936年斯大林宣布建成社会主义援引的社会依据是苏联完成了从农业国向工业国的转变，这其实是一个纵向比较的概念，实际上，如果从横向上进行比较，当时苏联的劳动生产率不仅没有超越西方资本主义，而且差距还很大。

第二，从社会阶级的结构来看，马克思、恩格斯和列宁一致认为社会主义社会应该是无阶级的社会，不仅阶级被消灭，而且阶级差别也会被消灭。1936年斯大林宣布建成社会主义社会时，苏联社会虽然消灭了剥削阶级，但仍然存在着工人阶级、农民阶级和知识分子。

第三，斯大林认为在共产主义社会国家是仍然存在的。他说："我们的国家是不是在共产主义时期也要保存下来呢？是的，要保存下来，假如那时资本主义的包围尚未消灭，假如那时外来的武装侵犯危险尚未消除的话。"马克思、恩格斯、列宁一致认为在共产主义社会，国家是趋于消亡的。斯大林关于共产主义社会中国家仍然会存在的论断，实际上是降低了共产主义社会的标准。

斯大林社会主义发展阶段思想的核心是超越阶段。所谓超越阶段就是无视苏联社会的具体情况，无视苏联社会主义开始和建设的起点和过程，无视社会主义演进的长期性和阶段性，过高地估计了苏联社会的发展水平，采取一种"超越社会发展"的一揽子政策。苏联社会主义的起点是一个经

济文化都比较落后，同时资本主义尚未充分发展的一个东方
国家，而非马克思所设想的，生产力高度发达的资本主义国
家。超越阶段的思想和实践，折射出斯大林对苏联社会主义
发展阶段的错误判断。

尽管斯大林提出社会主义的根本目的是为了"最大限度
地满足需要"，不过实际上当时的苏联社会，人民的生活还
只是处在一种基本满足的状态，甚至连这种基本满足有时也
不能得到保证。社会主义制度作为一种全新的制度，应当比
资本主义更加先进，而在当时苏联的这种制度下，人民对物
质文化的需求竟然仅仅是最基本的满足，并且与资本主义国
家相比仍然有着不小的差距。这难免会让人对社会主义根本
目的甚至对社会主义制度的优越性产生怀疑。

究其根源，苏联实行计划经济体制，国家把绝大部分的
财力、人力、物力投向了重工业，这样的后果就是虽然国家
的重工业高度发达，但与人民息息相关的轻工业、农业相对
落后非常多，这样就导致了在苏联的计划经济体制下，工业
品供应过剩，先生产后生活，消费品供给严重不足，进而产
生经济短缺，最终导致人民物质文化的最基本需要都得不到

满足的现实情况。

不仅如此，斯大林所认为的社会主义根本目的当中，还提到了对全体人民文化需要的满足。全体人民群众向往社会主义，不仅仅希望能吃得饱、穿得暖，更希望社会主义社会能够真正满足他们过上幸福生活这个美好愿望。这个愿望，不仅包括物质上的，还包括文化上的、政治上的。历史唯物主义告诉我们，经济基础决定上层建筑，不把经济搞上去，不把人民的生活搞好，人民群众是绝对不会衣不裹体地去享受高雅艺术，更不会饿着肚子去听假大空的政治宣传的。在现实社会生活中最明显的事实是，国与国的较量、制度与制度的对比竞争中，只有经济发展了，人民生活水平得到了切实的提高，才硬得起腰板。然而在当时的苏联，人民在连基本生活中各个方面的要求都得不到合理保障的情况下，何谈文化、政治的需求。长此以往，人民必然会对社会主义失去热情，到那时社会将不可避免地陷入停滞中，最终导致苏联解体、东欧剧变这样的惨剧就可以理解了。

因此，社会主义国家应该积极追求这样一个社会主义根本目的，即"通过借助社会主义国家的优越职能为社会全体成员提供最优质、最全面的物质、政治、文化、社会服务"，同时应当比资本主义国家更具体、更全面。只有这样，社会主义的优越性才能得到最大限度的发挥。所以，我们要对社会主义的根本目的有一个全新的认识，同时当然也要对完成这一任务的主体——社会主义国家有一个全新的认识。

在苏联建立社会主义制度以后，斯大林首先提出了社会主义根本目的，但从苏联的历史发展过程来看，这个根本目的与现实还是有一定的差距。中国在苏联之后也建立了社会主义制度，在建设社会主义制度上不但汲取了苏联体制中的精髓，更看到了其中的不足，得到了警示，一切从实际出发，根据自己的国情，脚踏实地地进行了探索，建立了"社会主义本质论"这一科学论断。

四、马克思主义经典作家的理论贡献

马克思、恩格斯、列宁、斯大林对社会主义理论和实践的探索，是我们进一步认识和概括社会主义本质问题的科学指南和理论基础，其贡献是卓著的。

第一，马克思主义经典作家告诉我们，人民应该是我们思考社会主义一切问题的根本出发点。社会主义是人民追求"过好日子"的实践活动，人民自然就应当是社会主义实践的主体，"群众生气勃勃的创造力正是新的社会生活的基本因素"，离开了人民也就不会有社会主义。离开了人民，更无法科学地认识社会主义。只有坚持人民是根本这一观点，将人民的利益置于首要的位置，才是真正的社会主义。人民应该是我们思考一切社会主义问题的根本出发点。

第二，马克思、恩格斯、列宁是紧紧围绕社会生产力来揭示社会主义的本质特征的。正如邓小平所说："马克思主义最注重发展生产力。我们讲共产主义，共产主义的含义是什么？就是各尽所能，按需分配。这就要求社会生产力的高度发展，社会财富的极大丰富。"

我们都知道，马克思、恩格斯一直强调物质资料生产是"一切人类生存的第一个前提，也是一切历史的第一个前提"，"人们所达到的生产力的总和决定着社会状况"。他们正是根据这一点发现了生产关系一定要适应于生产力状况的规律，这个规律是一切社会形态都客观存在并起作用的规律，社会主义社会之所以能够代替资本主义社会，正是生产力巨大发展的结果，即这个客观规律作用的结果。

第三，马克思、恩格斯、列宁始终强调生产资料公有制是社会主义理论的最基本内容。在研究和表述社会制度时，马克思、恩格斯从来都是把生产资料所有制的问题放在突出位置上，认为它是决定社会制度的本质因素，是一种社会制度区别于另一种社会制度的最根本标志。他们认为，社会主义与资本主义的重要差别在于，它是在对生产资料实行全部公有的基础上组织的社会生产。生产资料公有制使得劳动者的社会地位发生了根本性的变化，从实质上否定了任何人妄图凭借对生产资料的私人占有，谋求个人私利的特权，这样，每个劳动者在生产资料的所有权上实现了平等，并使一切劳动产品归于全体劳动者。

因此，马克思、恩格斯在《共产党宣言》中强调指出："从这个意义上说，共产党人可以用一句话把自己的理论概括起来：消灭私有制。""把资本变为属于社会全体成员的公共财产。"在恩格斯晚年的时候，有人想让他用比较简洁的文字来描述未来社会主义社会的基本思想，他思索良久后，说除了从《共产党宣言》中摘出的那段话之外，"我再也找不出合适的了"。按照他们的设想，要进一步解放和发展生产力，消灭剥削，消除两极分化，最终达到共同富裕，必须以社会主义公有制代替资本主义私有制。

在这个问题上，马克思主义经典作家有一个重要思想值得我们重视和学习，这就是任何所有制关系的变革，其实质都是旧的所有制关系不再适应新生产力发展的必然结果。恩格斯早年在《共产主义原理》中对此作了很好的回答："能不能一下子就把私有制废除呢？答：不，不能，正像不能一下子就把现有的生产力扩大到为建立公有经济所必要的程度一样。""只有在废除私有制所必需的大量生产资料创造出来之后才能废除私有制。"这一思想对我们现在如何看待现实中的社会主义所有制问题仍具有十分重要的启迪。

第四，马克思、恩格斯、列宁告诉我们，实践应该是我们认识社会主义一切问题的根本方法。无论多么缜密的逻辑也演绎不出社会主义的真理，无论多么严谨的理论也必须接受实践的检验和推敲，并要在实践中修正、完善自己。实践应该是我们认识社会主义一切问题的根本方法，社会主义的实践是属于人民的实践，坚持实践的观点就是坚持人民的观点，两者在本质上是一致的。

第五，马克思主义经典作家关于社会主义的理论实质上是不断发展、开放的科学理论。一切从实际出发应该是我们处理社会主义一切问题的根本原则。

马克思主义经典作家关于社会主义的理论是以唯物辩证法为根本指导方法的。唯物辩证法强调："在对现存事物的肯定的理解中同时包含对现存事物的否定的理解，即对现存事物的必然灭亡的理解，辩证法对每一种既成的形式都是从不断的运动中，因而也是从它的暂时性方面去理解；辩证法不崇拜任何东西，按其本质来说，它是批判的和革命的。"前辈们正是以这个伟大的思想为根基，考察了人类社会发展的历史进程，揭示了人类社会发展的一般规律，着重考察并探析了资本主义社会产生、发展以及其必然走向灭亡的规律性，描绘了未来社会主义社会的原则设想，创立了科学社会主义理论，这个理论同他们的其他理论一样，一定会是一个开放的理论。

人们对任何事物的认识都是以该事物的发展完善程度为依据的，依存于现实运动，对社会主义的认识自然也应该是如此的。人们对社会主义本质的认识必须以该社会形态的现实运动及其发展趋势为依据，它必须在立足于现实的基础上，不断向着新的现实转化和发展，并根据新现实的实际而不断作出相应的调整、修正和补充。社会主义是人民追求"过好日子"的实践活动，而实践是不断地变化发展着的，社会主义更是没有一劳永逸的不变模式。列宁反复告诫我们，社会主义不是抽象的教条，不能只以纲领为依据争论社会主义，更不能把社会主义"当作庄严的色彩画成的圣像"。

斯大林脱离实际的"超越阶段"社会主义思想更是给我们以借鉴和警示，警示我们一定要具体问题具体分析，一切从实际出发。因此，在面对社会主义实践中出现的一切新情况、新问题时，我们一定要注意，绝对不能从所谓的社会主义纲领去推断该怎样处理它，而是总要从有利于人民"过好日子"、有利于发展社会生产力的实际这两个角度出发去认识它、处理它。当然，在处理社会主义一切问题的过程中还应注意，要坚持无产阶级政权和生产资料公有制这两条最基本原则，采取原则性与灵活性相结合的方法，坚持原则性是为了更好地从实际出发解决问题。一切从实际出发，实事求是，这应是我们处理社会主义一切问题的根本原则。

社会主义社会是一个不断运动变化着的社会，社会主义的本质是在社会主义实践中逐步显露、逐步展现出来的，人们对社会主义本质的认识和概括自然是一个在社会实践中多次反复、逐渐深化并最后逐步接近真理的过程。马克思主义经典作家把自己的理论根植于实践，并且随着实践的发展而不断发展的原则，是我们对社会主义本质问题进行继续探索研究的重要方法论原则。邓小平之所以能将社会主义本质的认识和概括推进到一个新的阶段，正是由于掌握了马克思主义的这个根本方法论。

第二节　中国社会主义建设道路
初步探索的理论成果

1956年，生产资料私有制的社会主义改造基本完成之后，社会主义基本制度在我国初步确立，我国进入了全面建设社会主义的时期。与此同时，新的历史任务即"怎样建设社会主义"的课题，也就摆在了党和全国人民面前。如何建设中国的社会主义，怎样走社会主义道路，中国现代化怎样实现，如何实现中华民族的伟大复兴和人民幸福，既是一个全新的重大理论问题，也是全新的重大实践问题。此时，以毛泽东为核心的第一代中央领导集体就开始探索如何把马克思列宁主义的基本原理同中国革命和建设的具体实际相结合，即探索马克思主义同中国实际的"第二次结合"，走出一条中国自己的社会主义建设道路。

毛泽东对适合中国国情的社会主义建设道路的探索，是在总结我国第一个五年计划执行过程中的经验教训和借鉴苏联社会主义建设经验的基础上进行的。总的来说，毛泽东在经济、政治、科学、文化等各个领域对中国式社会主义建设道路的初步探索，大致可分为以下几方面内容：

一、借鉴苏联经验，走适合中国自己的社会主义建设道路

新中国成立初期，以美国为首的西方资本主义国家对新生的社会主义中国从经济、政治、文化等各个方面进行围阻，对中国实行封锁禁运政策。我国在社会主义建设中，只

能照搬苏联的模式，毛泽东认为"这在当时是完全必要的，同时又是一个缺点，缺乏创造性，缺乏独立自主的能力。这当然不应当是长久之计"。但在社会主义改造和"一五"执行的前三年，毛泽东等中央领导人逐渐发现苏联模式存在许多弊端，如在经济建设方面存在国家对企业统得过多过死，忽视价值规律的作用，企业缺乏发展生产、改革创新的内在动力，不利于发挥员工的积极性、主动性和创造性，农轻重比例不协调等问题，而且就是苏联成功的经验也不一定适合中国具体国情。

1956年2月14日到25日苏共召开二十大，会上批判了斯大林的严重错误，也暴露了他们在建设社会主义过程中政治、经济、文化体制上存在的一些弊端，引起各国共产党特别是中国共产党人对社会主义问题的新思考。毛泽东指出不能再硬搬苏联的一切了，在社会经济建设中不能完全照搬苏联的社会主义建设模式，应借鉴他们的经验教训，少走弯路，要独立思考，把马克思列宁主义的基本原理同中国社会主义建设的具体实际相结合，找到在中国进行社会主义建设的正确道路。

1956年，在《关于无产阶级专政的历史经验》一文中，毛泽东指出，苏共二十大对我们最为重要的教益是要把马克思列宁主义的基本原理同中国革命和建设的具体实际结合起来，第一次结合我们取得了新民主主义革命的胜利，我们要进行马克思主义与中国实际的第二次结合，找出在中国建设社会主义的道路。毛泽东后来提出的要加强轻工业建设、生产更多的生活消费品等一系列关于社会主义建设的重要理论观点，对我国社会主义建设具有长远的指导意义。

二、《论十大关系》的重要讲话

在对苏联模式反思的基础上，毛泽东开始了探索适合中国国情的社会主义建设道路。毛泽东的思考和探索首先从调查和研究中国的实际情况开始，从1956年2月开始，他用了一个半月的时间听取了农业、工业、运输业、商业等34个部委详尽的工作汇报，在此基础上，经政治局多次讨论，毛泽东将中国社会主义建设中的问题归结为十个方面，在1956年4月25日中共中央政治局扩大会议上发表了《论十大关系》的重要讲话，深刻论述了正确处理社会主义建设和发展中的一系列重大关系对我国的社会主义建设具有重要的指导意义。毛泽东指出："提出这十个问题，都是围绕着一个基本方针，就是要把国内外一切积极因素调动起来，为社会主义事业服务。过去为了结束帝国主义、封建主义和官僚资本主义的统治，为了人民民主革命的胜利，我们就实行了调动一切积极因素的方针。现在为了进行社会主义革命，建设社会主义国家，同样也实行这个方针。"这表明了《论十大关系》的基本思想就是根据国情，走自己的路。

《论十大关系》内容丰富，深刻论述了正确处理经济建设和社会发展中的一系列重大关系，是毛泽东对我国社会主义建设道路独立思考的积极成果，提出了我国社会主义建设道路的基本思路，主要包括以下十方面内容：

（一）重工业和轻工业、农业的关系

重工业是我国建设的重点，要优先发展生产资料的生产，但不能忽视生活资料生产，尤其是粮食生产。粮食是基本的生活必需品，没有粮食和其他生活必需品，不仅不能养活工人，而且不能发展重工业。毛泽东指出，要真想发展重工业，就得多发展轻工业和农业，因此实现中国的工业化，必须正确处理重工业、轻工业和农业的关系问题。

（二）沿海工业和内地工业的关系

所谓沿海，是指辽宁、河北、北京、天津、河南东部、山东、安徽、江苏、上海、浙江、福建、广东、广西等地。我国全部工业，约有70%在沿海，30%在内地。这是历史上形成的状况，我国的工业大部分集中在沿海。为了平衡工业发展的布局，一方面充分利用沿海的工业基地，另一方面大力发展内地工业，既不能只发展内地工业，也不能只发展沿海工业，这两者都要兼顾发展。

（三）经济建设和国防建设的关系

尽管过去我们没有飞机和大炮，但我们用小米加步枪打败了日本帝国主义和蒋介石。虽然现在我们还没有原子弹，但是我们现在已经比过去强，以后还要比现在强，我们不但要有更多的飞机和大炮，而且还要有原子弹。在今天的世界上，我们要想不受人家欺负，就得有原子弹，因此，我们应尽可能降低军政费用，增加经济建设费用。只有经济建设发展得快，国防建设才能有更大的进步。

（四）国家、生产单位和生产者个人的关系

要兼顾国家、集体和个人三个方面，不能只顾一头；要

兼顾军民、兼顾公私，在建设中才能调动广大人民群众的积极性，才有利于社会主义建设。

（五）中央和地方的关系

充分调动中央和地方两个积极性，不要像苏联那样，把什么都集中在中央，把地方卡得死死的，地方一点机动权都没有。在坚持中央统一领导的前提下，扩大一些地方权力，给地方更多的独立性，扩大企业的自主权，让他们办更多的事情，这有利于建设我们强大的社会主义国家。

（六）汉族和少数民族的关系

（七）党和非党的关系

究竟是一个党好，还是几个党好？现在看来，恐怕是几个党好。不但过去如此，而且将来也可以如此，就是长期共存，互相监督。

（八）革命和反革命的关系

（九）是非关系

（十）中国和外国的关系

我们的方针是，一切民族、一切国家的长处都要学，政治、经济、科学、技术、文学、艺术的一切真正好的东西都要学，但是，不能盲目地学，必须有分析、有批判地学，不能一切照抄，机械搬用，他们的短处、缺点，当然不要学。

总之，中国共产党在领导社会主义建设中提出各个方面要综合平衡，协调发展，既要反对保守，也要反对冒进，根据实际确定发展速度。《论十大关系》中提出的一系列关于社会主义建设的重要思想观点，对我国社会主义建设具有重要的指导意义，正如后来邓小平在给毛泽东的信中所说："这篇东西太重要了，对当前和以后，都有很大的针对性和理论指导意义。"

三、中国共产党第八次全国代表大会的召开

1956年9月，中国共产党第八次全国代表大会在北京召开，这是我们党在建国后举行的第一次全国性代表大会。会上，毛泽东致开幕词，刘少奇代表中央委员会作了《中国共产党中央委员会向第八次全国代表大会的政治报告》，邓小平作了《关于修改党的章程的报告》，周恩来作了《关于发展国民经济第二个五年计划的建议的报告》。会上，朱德、陈云等作了重要发言。

大会肯定了党中央自七大以来的路线是正确的，同时指出社会主义改造基本完成以后，国内的主要矛盾已经发生了变化，即生产资料私有制的社会主义改造基本完成以后，国内的主要矛盾不再是工人阶级和资产阶级之间的矛盾，而是人民对于建立先进的工业国的要求同落后的农业国的现实之间的矛盾，是人民对于经济文化迅速发展的需要同当前经济文化不能满足人民需要的状况之间的矛盾。这一矛盾的实质是先进的社会主义制度同落后的社会生产之间的矛盾。大会提出，党和全国人民当前的主要任务就是要集中力量来解决这个矛盾，明确把党的工作重点转向社会主义建设上来。大会强调要集中力量发展社会生产力，逐步满足人民日益增长的物质需要和文化需要，尽快地把我国建设成先进的工业国。

在经济建设方面，继续坚持1956年5月党中央提出的在综合平衡中稳步前进的方针。既反保守，又反冒进，根据实际情况，合理地规定国民经济的发展速度，保证国民经济比较均衡地发展。

关于我国的社会主义经济体制，陈云在发言中提出，在我国的社会主义经济中，国家经营和集体经营是工商业的主体，但有一定数量的个体经营。个体经营是国家经营和集体经营的补充。

在国家工作方面，提出扩大国家的民主生活，反对官僚主义；加强国内各民族的团结，继续巩固人民民主统一战线；不断制定完备的法律，健全国家的法制。

在共产党与民主党派关系方面，提出"长期共存、互相监督"的方针。

在党的建设方面，八大强调坚持实事求是的原则，克服主观主义、官僚主义和宗派主义。

在繁荣科学文化事业方面，提出"百花齐放、百家争鸣"的方针等。

总之，八大的路线、方针是正确的，为新时期社会主义事业的发展指明了前进的方向。但是，由于当时历史条件的限制和经验不足，八大对有些重要问题的认识不够准确、深刻。例如，八大关于主要矛盾的认识，没有具体指明虽然社会主义的生产关系已经建立，它和生产力的发展相适应，但同时它还很不完善，这些不完善的方面和生产力的发展又相矛盾。在阶级斗争问题上，虽然指出工人阶级和资产阶级之间的矛盾已经基本解决，但对于如何在复杂的国内外形势下坚持这一科学论断，还缺乏明确深刻的认识。八大以后，由于我们党的指导思想发生了"左"的错误，八大提出的许多正确的路线、方针、政策没有能够在实践中得到坚持。

四、毛泽东《关于正确处理人民内部矛盾的问题》的讲话

八大以后，国际国内出现了很多新情况、新问题。在国际方面，波兰和匈牙利的国内形势急剧恶化，引起了毛泽东的高度重视，促使他重新认识社会主义社会的阶级斗争问题。他提出，要总结波匈事件的教训，认真研究如何建设社会主义，如何处理各种矛盾。他认为，东欧一些国家的基本问题就是阶级斗争没有搞好，没有在阶级斗争中锻炼无产阶级、分清敌我、分清是非、分清唯心论和唯物论。

在国内方面，这时我国正处在社会主义的三大改造基本完成，计划经济运行中一些缺点偏差开始出现，社会利益矛盾凸显，各种人民内部矛盾大量显现的时期，对于这些矛盾的处理，由于各级干部既没有思想准备，又没有处理经验，

反而激化了矛盾，这促使毛泽东开始思考社会主义社会是否存在矛盾以及怎样解决矛盾的问题。经过认真的观察和思考，他于1957年2月最高国务会议第十一次（扩大）会议上作了《关于正确处理人民内部矛盾的问题》的讲话，主要包括以下一些内容：

（一）第一次全面地分析了社会主义社会的基本矛盾及其特点

毛泽东明确指出矛盾是普遍存在的，社会主义社会同样也存在矛盾，也正是这些矛盾推动着社会向前发展。我国社会主义制度建立之后，生产关系和生产力发展之间、上层建筑和经济基础之间存在"又相适应又相矛盾的情况"，提出我们必须根据具体情况，解决这些矛盾。不过社会主义社会的矛盾不是对抗性质的矛盾，可以通过社会主义制度自身的不断调整加以解决。

（二）提出要严格区分和正确处理两类社会矛盾问题

两类社会矛盾是指敌我矛盾和人民内部矛盾，它们是性质完全不同的两类矛盾。当前大量的、普遍存在着的是人民内部矛盾。由于两类矛盾的性质不同，应实行不同的处理方法。敌我矛盾是对抗性的，必须用专政的、强制的方法处理；人民内部矛盾是在人民利益根本一致基础上的矛盾，是分清是非的问题，是非对抗性的，应该用民主的、说服教育的方法解决。

（三）提出了正确处理人民内部矛盾的各项具体方针

在政治方面，实行"团结——批评——团结"的方针，"就是从团结的愿望出发，经过批评或者斗争使矛盾得到解决，从而在新的基础上达到新的团结"，"或者说，惩前毖后，治病救人"。

（四）指出正确处理人民内部矛盾是国家政治生活的主旋律

认为革命时期大规模、激烈的群众阶级斗争已基本结束，今后主要的任务是正确处理人民内部矛盾，团结全国各族人民进行一场新的战争——向自然界开战，为发展我国的经济和文化、巩固我们的新制度、建设我们的新国家服务。

（五）其他方面的内容

在共产党和民主党派关系方面，实行"长期共存、互相监督"的方针；在科学文化工作方面，实行"百花齐放、百家争鸣"的方针；在经济工作方面，实行统筹协调全国城乡各阶层的关系，兼顾国家、集体和个人利益的方针。

《关于正确处理人民内部矛盾的问题》讲话中所阐述的理论，是继《论十大关系》、党的八大之后，我们党对社会主义建设道路进行艰苦探索的又一重大成果。它对马克思主义理论的发展做出了独到性的贡献，对我国社会主义事业的发展具有长远的指导作用。

第三节　党对社会主义本质认识的曲折发展

1956年，社会主义改造完成以后，党领导全国人民开始进入大规模的社会主义建设时期。在探索中，由于党对社会主义发展规律缺乏全面深刻的认识，由于过去长期处于战争和激烈的阶级斗争环境中，人们对全面进行社会主义建设缺乏充分的思想准备和系统的研究，从而使探索中国自己的社会主义建设道路经历了迂回曲折的历程，既取得过巨大成就，也遭受过严重挫折。

建国初期，我国基本上都是照搬苏联模式。苏联模式的特征主要表现为：第一，以党代政的高度集权的领导体制；第二，实行单一的、指令性计划经济体制；第三，重视优先发展重工业。这种高度集权的管理体制，对处在特殊时期的苏联政府巩固国防，抵御侵略，最大限度地集中人力、物力、财力进行经济建设，都发挥了巨大作用，也为后来社会主义国家提供了可借鉴的经验。

对于苏联的社会主义建设模式，毛泽东认为："解放后，三年恢复时期，对搞建设，我们是懵懵懂懂的，接着搞第一个五年计划，对建设还是懵懵懂懂的，只能基本上照搬苏联的办法，但总觉得不满意，心情不舒畅。"这表明毛泽东早已试图探索出一条有自己特色的社会主义建设道路。苏共二十大后，他深刻总结了苏联模式的弊端："他们片面地注重重工业，忽视农业和轻工业，因而市场上的货物不够，货币不稳定"，"他们把什么都集中到中央，把地方卡得死死的，一点机动权也没有。"毛泽东认为，对我国最大的教益是要独立思考。

1956年4月初，在中共中央书记处会议上，毛泽东指出："我认为最重要的教训是独立自主，调查研究，摸清本国国情，把马克思列宁主义的基本原理同我国革命和建设的具体实际结合起来，制定我们的路线、方针、政策。现在是社会主义革命和建设时期，我们要进行第二次结合，找出在中国进行社会主义革命和建设的正确道路。"为探索适合中国国情的社会主义建设道路，从1956年开始，毛泽东和中央领导集体在经济、政治、文化、外交等方面对我国的国情进行了深入系统的调查研究。

但1957年下半年后，社会上出现了一些复杂的情况。由于社会主义国家存在的历史较短，人们对社会主义的发展规律缺乏系统研究，认识不清，毛泽东在中国社会主义建设道路的探索中逐渐偏离正常轨道。1958年开始的"大跃进"和人民公社化运动，是毛泽东探索比苏联"更多、更快、更好"的中国社会主义建设道路的"大实验"，它表明中国社会主义建设道路经历了曲折的历程。

一、"大跃进"和人民公社化运动

（一）"大跃进"运动

中共八大后，社会主义建设蓬勃发展，工农业生产都大幅度地提高，社会安定。为了建设新中国，人们都干劲冲天，努力工作，这时党内一些人认为经济建设的速度可以更快些，毛泽东也认为原定的社会主义改造和建设的速度太慢，应加快社会主义经济发展的速度。

早在1955年12月，党中央就确定了"多快好省"的社会主义建设方针，同年毛泽东指出："中国的工业化的规模和速度，科学、文化、教育、卫生等项事业的发展的规模和速度，已经不能完全按照原来所想的那个样子去做了，这些都应当适当地扩大和加快。"毛泽东这种急于求成的思想成了1958年发动"大跃进"运动的思想根源。在1956年的经济建设工作中，毛泽东就多次强调加速发展，而周恩来、刘少奇、陈云等对1956年各项工作出现的不切实际的冒进倾向进行了纠正，并在党的八大上确定了既反保守又反冒进、在综合平衡中稳步前进的经济建设方针，这就是1956年开始的反冒进。

1957年9月，在八届三中全会上，毛泽东在会上批评了1956年的反冒进。他指出："1956年经济文化事业有了一个跃进，可有的同志低估了成绩，夸大了缺点，说冒进了，于是就扫掉了多快好省，扫掉了农业发展纲要四十条，还扫掉了'促进会'，影响了今年经济建设的发展。"他还说："我们是不是可以把苏联走过的弯路避开，比苏联搞的速度更要快一点，比苏联的质量更要好一点？应当争取这个可能。"这次会上在批评反冒进的同时，他已经开始考虑应更加加快社会主义建设速度。这次会后的11月12日，《人民日报》社论中提出了"大跃进"的口号，因此，这次会议实际上成为"大跃进"的开端。

1958年5月，中共八大二次会议正式通过了中共中央根据毛泽东的倡议而提出的"鼓足干劲、力争上游、多快好省地建设社会主义"的总路线。尽管这条总路线的出发点是要尽快地改变我国经济文化落后的面貌，但由于忽视了客观经济规律，这个目标不可能达到。会上还提出了"超英赶美"的奋斗目标，主要工业产品产量方面在10年内超过英国，15年内赶上美国。毛泽东号召发扬破除迷信、解放思想、敢想敢说敢干的精神。8月，中共中央政治局召开北戴河会议，确定了一批工农业生产的高指标，提出钢产量1958年要比1957年翻一番，提出"以钢为纲"的口号，号召全民炼钢。粮食产量1958年要比1957年增产80%，由3900亿斤达到7000亿斤左右。会后，"大跃进"运动迅速在全国范围内发动起来。

"大跃进"首先从1957年冬至1958年春农业的大修农田水利和积肥运动开始，后来扩展到工业等各个领域。从1958年至1960年间，"大跃进"先后持续了三年之久，一般称之为"大跃进时期"。1958年7月，从农业战线首先传来"喜讯"，湖北省长风农业生产合作社早稻亩产15361斤，放了一个大"卫星"。同年公布夏粮产量同比增长69%，总产量超出美国40亿斤，亩产万斤，在社会上引起了巨大的轰动。之后，各地区开始搞"试验田"，到了秋收季节，很多地方亩产都超过了万斤粮，有的地方还超过十万斤粮。1958年10月1日《天津日报》报道，天津市的东郊区新立村水稻"试验田"亩产12万斤；10月8日和10日，《天津日报》又分别报道天津市双林农场"试验田"亩产稻谷126339斤的特大消息，在全国引起轰动，并提出"人有多大胆，地有多大产"的口号，各地群众纷纷前去参观。

农业战线不断传来的"喜讯"，极大地鼓舞了工业战线。1958年8月17日召开的北戴河会议，研究了超英赶美、大炼钢铁和成立人民公社等重大问题。会议精神传达到基层单位后，由9月份开始，工业企业开始打破常规，职工在生产一线苦战，每日工作12个小时，职工之间展开了你追我赶的竞赛；管理人员也到生产第一线服务，职工食堂的炊管人员，把饭菜送到车间；节假日，职工也不公休，一直苦战到年底，使生产记录不断刷新。从1958年起，开始全民大炼钢铁，农民在田间垒起小土炉，就炼起钢来了。城里各个企业也都先后开始炼钢，各个单位都参与大炼钢铁，盘起小土炉，通上风箱，将煤炭点燃后再续上废铁，开始炼钢。全厂职工，收拣废钢铁，有些职工拿出自己家的铁和煤炭以及其他各种原料，但由于技术不合规格，炼出大量的废铁，造成极大的浪费。到1958年底，中央发表公报，粮食、钢铁的产量都翻了一番，实现了"大跃进"。

"大跃进"是我国探索建设社会主义道路中的一次严重失误，给国民经济和社会发展造成了严重的影响。

第一，它忽视了客观经济规律，过分夸大了人的主观能动作用，严重破坏了社会生产力，使工农业生产遭到极大破坏。由于炼钢炉质量不合格，工人技术水平低，各个工厂生产出许多废品，事故频出。事实证明，仅有良好的愿望，并不能促进经济社会的发展。只有尊重和掌握客观经济规律，依靠科学技术，才能促进经济快速发展。

第二，打乱了正常生产秩序，国民经济比例严重失调，给人民生活造成困难。在"大跃进"运动中，在生产发展上追求高速度，追求大规模，提出了名目繁多的全党全民"大办"、"特办"的口号，造成基本建设投资急剧膨胀，三年间，基建投资总额高达1006亿元，比一五计划时期基本建设总投资几乎高出一倍，造成国民经济各部门之间、积累和消费之间比例严重失调。不切实际的高指标导致瞎指挥盛行，浮夸风四起。在"大跃进"过程中，出现了很多虚报产量的事，各地报喜不报忧，工农业生产遭到极大破坏，加之严重的自然灾害和苏联政府背信弃义地撕毁合同，前所未有的困难给人民生活造成巨大灾难。"大跃进"运动之后，人民的生产、生活面临前所未有的困难。因此，在发展经济的过程中，一定要从实际出发，实事求是。

"大跃进"运动虽然违背了客观规律，给国民经济发展造成了重大损失，但在"大跃进"中也取得了一些成绩。比如建成了一些大型农田水利设施，在机械制造、交通运输、石油、电力等方面也取得一些成绩，人民群众在"大跃进"运动中表现出空前的建设社会主义的积极性。但是，这些成绩与人民所付出的过于高昂的代价不成比例，"大跃进"的历程表明，必须按照经济规律办事，实行民主决策和科学决策。

（二）人民公社运动

人民公社运动是我们党在20世纪50年代后期探索中国社会主义建设道路所作的一项重大决策。

毛泽东早在1955年下半年就对农业社会主义改造中的合作社问题发表了意见，他指出："小社人少地少资金少，不能进行大规模的经营，不能使用机器。这种小社仍然束缚生产力的发展，不能停留太久，应当逐步合并。……不但平原地区可以办大社，山区也可以办大社。"在这里他肯定了大社的优越。1957年冬和1958年春出现农田水利建设高潮，毛泽东认为办大社是以大搞兴修水利为特点的农业生产建设的发展需要，在此之后的合作化的速度不断加快。1958年3月，中共中央政治局成都会议通过了《关于把小型的农业合作社适当地合并为大社的意见》的文件，文件指出："为了适应农业生产和文化革命的需要，在有条件的地方，把小型的农业合作社有计划地、适当地合并为大型的合作社是必要的。"会后，很快就出现了全国小社并大社的热潮，有的地方出现了"共产主义公社"、"集体农庄"，有的地方出现了"人民公社"。

1958年7月，《红旗》杂志连续发表了几篇陈伯达谈农业合作及人民公社的文章，其中在《全新的社会，全新的人》中指出："把一个合作社变成为一个既有农业合作又有工业合作的基层组织单位，实际上是农业和工业结合的人民公社。""我们的方向，应该逐步地有次序地把工（工业）、农（农业）、商（商业）、学（文化教育）、兵（民兵，即全民武装）组织成为一个大公社，从而构成我国社会的基本单位。"在这篇文章中第一次提到"人民公社"的名字，陈伯达的文章进一步推动了人民公社化运动的热潮。8月6日，毛泽东视察河南新乡七里营人民公社时，说人民公社名字好。9日，在与山东领导谈话时说"还是办人民公社好……"，并指出公社的特点是"一大二公"，谈话在报纸上发表后，人民公社化的热潮由此更加高涨。

1958年8月17日至30日，中共中央政治局在北戴河召开的会议上通过了《中共中央关于在农村建立人民公社问题的决议》，决议指出："看来，共产主义在我国的实现，已经不是什么遥远将来的事情了，我们应当积极地运用人民公社的形式，摸索出一条过渡到共产主义的具体途径。"这个决议将人民公社运动与向共产主义过渡联系起来，全国迅速形成了人民公社化运动的狂潮。到10月底，全国74万多个农业生产合作社合并成2.6万多个人民公社，参加公社的农户有1.2亿户，占全国总农户的99%以上，全国农村基本上实现了人民公社化。

人民公社化运动是在特殊的历史时期产生的一种社会现象，人民公社在实践中急于追求所有制结构的"一大二公"，基层生产单位没有自主权，生产中没有责任制，分配领域实行平均主义，极大地挫伤了农民的生产积极性，并片面强调生产关系的反作用，不实事求是，夸大人的主观能动性，违背了经济社会发展规律。人民公社化运动给农业发展带来了消极后果。

二、20世纪50年代末60年代初，毛泽东、周恩来等对社会主义建设规律的探索

（一）毛泽东对探索适合中国国情的社会主义建设道路的贡献

随着"大跃进"和人民公社化运动的进一步深入发展，在"大跃进"中出现的瞎指挥、浮夸风等"左"的错误也日益严重，使我国国民经济遭受了重大的损失，影响了经济社会的正常运行。毛泽东敏锐地发现了存在的问题，并及时采取措施加以纠正。他在纠正"大跃进"错误的过程中，对于社会主义社会的阶段性、社会主义和共产主义的界限、集体所有制与全民所有制、商品生产与商品交换、工作方法等社会主义建设的一些重大理论问题作了许多有益的探索。这些探索是在第一次郑州会议、武昌会议、中共八届六中全会、第二次郑州会议、八届七中全会等几次纠正"左"的错误的重要会议中进行的。

第一，纠正了生产力发展上急于求成的"左"倾做法。由于片面追求无法实现的高指标，带来了瞎指挥和浮夸风，

毛泽东认识到它的危害，在1958年11月召开的武昌会议上，指出头脑要冷静，他说："冲天干劲是热，科学分析是冷。在我国，在目前，有些人太热了一点，他们不想使自己的头脑有一段冷的时间，不愿意做分析，只爱热……这些人应当注意提醒一下自己的头脑。"为了在建设实践中不断降低各项指标，从1958年下半年起，毛泽东开始"压缩空气"。在第一次郑州会议上，当听到在10年内钢产量达到4亿吨，机床1000万台，煤40亿吨，粮食亩产由原定的800斤提高到8000斤时，他表示了怀疑，提出"我们有些同志昏了头脑，以为快要上天了"。他指出："现在的人民公社，仍然是集体所有制，不等于全民所有制；将来达到全民所有制了，也不等于实现了共产主义。两个过渡都需要相当长的时间，两个过渡都只能在发展生产力的基础上进行。"

在武昌会议上，毛泽东提出要"压缩空气"，"以前别人反我的冒进，现在我反人家的冒进"，并指出要破除迷信，保护真理和科学。在1959年3月召开的上海会议上，毛泽东提议降低钢的指标；同年4月，他还提出应该把不切实际的高指标降下来，并提出产量应该慢慢地增加，提出要在尊重经济建设规律的前提下，加快速度，总之，要量力而行，从实际出发。庐山会议后，毛泽东指出："在我们这样的国家，完成社会主义建设是一个艰巨任务，建成社会主义不要讲得过早了。"说明这时他对社会主义建设的长期性和艰巨性有了一定的认识。

1961年9月，毛泽东在会见蒙哥马利元帅时说，在中国建设强大的社会主义经济，50年不行，会要100年，或者更多的时间。在1962年1月的七千人大会上，毛泽东承认在社会主义建设上，我们还有很大的盲目性。总之，毛泽东从生产力发展规律和社会主义经济建设的长期性、艰巨性等宏观方面，纠正了"大跃进"运动中急于求成的"左"的做法。

第二，纠正生产关系急于过渡的"左"的做法。人民公社化运动开始后不久，在生产关系领域就出现了急于过渡的"左"的倾向。1958年秋，许多地方的公社实行全民所有制，分配中实行完全的供给制，这促使毛泽东思考集体所有制向全民所有制过渡的问题。1958年10月后，毛泽东派陈伯达、张春桥去河南的一些地方进行调研，他本人则亲自到全国"向共产主义过渡"的典型——河北徐水县和河南调查，11月，毛泽东提出："集体所有制向全民所有制过渡的迟早，取决于生产发展的水平和人民觉悟的水平这些客观存在的形势，而不能听凭人们的主观愿望，想迟就迟，想早就早。"他还说，社会主义向共产主义过渡，是一个很长的历史时期，必须以生产的极大发展、物质条件的极大丰富、人民觉悟的极大提高为前提。

随着人民公社化运动的深入发展，各个地方竞相提出过渡到共产主义的规划并出现了加快迈向共产主义的热潮，有些地方制定了过渡到共产主义的规划。针对这种情况，毛泽东在第一次郑州会议上指出，我国现阶段是社会主义社会，人民公社基本上是集体所有制。他对修武县县委书记不敢宣布公社是全民所有制的做法给予肯定，说："这个同志是想事情的，不冒失……这一段时期内，只有经过商品生产、商品交换，才能引导农民发展生产，进入全民所有制。"他说："现在有一种偏向，好像共产主义越快越好，实现共产主义是要有步骤的。"

1959年，在第二次郑州会议上，毛泽东指出人民公社问题的症结是生产关系的变革超前，脱离了生产力的发展水平。4月，在《关于人民公社的十八个问题》的会议纪要中，明确规定："以生产队作为基本核算单位，生产队下面的生产小队就是包产单位……作为包产单位的生产小队也应当有部分的所有制和一定的管理权限。"基本解决了人民公社的基本所有制问题。

第三，纠正"大跃进"运动过程中出现的以生产瞎指挥风、浮夸风、共产风、命令风、干部特殊风为特征的"五风"。他认为要纠正"五风"，必须纠正新闻报道失实现象，他要求《人民日报》和新华社努力做到：敢于坚持真理，敢于抵制"五风"。毛泽东认为瞎指挥风在"五风"中危害最大，他批评了当时各级盛行的瞎指挥风和命令风，主张坚持走群众路线，不允许用简单化的行政命令手段处理问题，批评了各个地方、各行各业说大话、说假话、提出不切实际的高指标的浮夸风，认为浮夸风违背了党的实事求是和群众路线。

第四，提出"八字"调整方针与大兴调查研究之风。1960年6月，毛泽东在中共中央政治局扩大会议上提出对计划指标要进行调整的想法；8月下旬，李富春在向国务院汇报工作时，提出要对经济实行调整、巩固、提高；1961年1月，八届九中全会正式确定了"调整、巩固、充实，提高"的国民经济调整方针；1961年8月至1962年5月，党中央先后召开了第二次庐山会议、七千人大会、西楼会议和中央工作会议等一系列会议，开始对国民经济进行全面调整，国民经济开始逐步得到恢复，这次对国民经济进行的调整，是毛泽东果断地纠正"左"倾错误的主要表现。

在这次国民经济调整中，毛泽东提出要进行调查研究，毛泽东认为没有做好调查研究是我们经济工作中出现严重"左"倾错误的根本原因。1960年12月至1961年1月的中央工作会议上，毛泽东指出："我们的同志不做调查研究工作，不大摸底了，大概是官做大了，我这个人就是官做得大了，从前在江西那样的调查，现在就做得少了，请同志们回去，大兴调查研究之风，一切从实际出发，没有把握就不要乱发言，不要下决心……使1961年成为实事求是年。"在随后的八届九中全会上，毛泽东又强调要搞调查研究，并号召全党"要大兴调查研究之风，使今年成为调查研究年"。

中共中央于1961年3月23日向各级党委发出号召，要求广大领导干部进行调查研究，在全国很快掀起调查研究之风。

毛泽东亲自带头到农村进行广泛调查研究，最后形成了《农业六十条》、《工业七十条》、《高教六十条》、《文艺八条》、《科学十四条》等各项工作的指导性意见，促进了国民经济形势的好转。然而，毛泽东的纠"左"是在充分肯定总路线、"大跃进"、人民公社化的前提下进行的，没有从根本上认清"大跃进"和人民公社化运动的错误，但是，毛泽东在"大跃进"期间对"左"的错误的纠正对探索中国社会主义建设道路是有贡献的。

第五，关于社会主义建设的思想。社会主义经济不仅要有计划性，而且要有多样性、灵活性的思想。中共八大以后，毛泽东在与民建、工商联负责人的谈话中，对在社会主义公有制经济占优势的前提下允许非社会主义经济成分存在的问题作了探讨。同时，他还提出了不能剥夺农民，不能超越阶段，社会主义经济不仅要有计划性，而且要有多样性、灵活性。

1958年，毛泽东提出，社会主义条件下要反对平均主义，重视商品生产、商品交换和价值规律的作用："现在要利用商品生产、商品交换和价值法则，作为有用的工具，为社会主义服务。在这方面，斯大林讲了许多理由。商品生产有没有消极方面呢？有就限制它嘛！"

不懂科学技术，生产力就无法提高。1958年1月28日，毛泽东提出"要把党和国家的工作重点转到技术革命和社会主义建设上来"。

在社会主义建设中，必须不断在实践中积累经验，逐步克服盲目性，认识客观规律，才能实现认识上的飞跃；社会主义建设具有艰难性、复杂性和长期性，要准备着由于盲目性而遭受到许多的失败和挫折。

第六，社会主义的发展阶段思想。1959年12月至1960年2月，毛泽东在《读苏联〈政治经济学教科书〉的谈话》中提出了社会主义的发展阶段问题，他指出："社会主义这个阶段，又可能分为两个阶段，第一个阶段是不发达的社会主义，第二个阶段是比较发达的社会主义，后一阶段可能比前一阶段需要更长的时间……在我们这样的国家，完成社会主义建设是一个艰巨任务，建成社会主义不要讲得过早了。"

第七，20世纪50年代末60年代初，毛泽东还提出了许多重要思想。1957年7月，毛泽东在《一九五七年夏季的形势》

一文中提出："我们的目标，是想造成一个又有集中又有民主，又有纪律又有自由，又有统一意志、又有个人心情舒畅、生动活泼，那样一种政治局面，以利于社会主义革命和社会主义建设，较易于克服困难，较快地建设我国的现代工业和现代农业，党和国家较为巩固，较为能够经受风险。"

1964年1月毛泽东提出了"两个中间地带"的战略思想。他指出："中间地带有两部分：一部分是指亚洲、非洲、拉丁美洲的广大经济落后的国家，一部分是指以欧洲为代表的帝国主义国家和发达的资本主义国家。这两部分都反对美国的控制。在东欧各国则发生反对苏联控制的问题。"

1974年2月22日，毛泽东在会见赞比亚总统卡翁达时全面提出了划分三个世界的观点。毛泽东说："我看美国、苏联是第一世界。中间派，日本、欧洲、加拿大，是第二世界。咱们是第三世界。"

（二）刘少奇对探索适合中国国情的社会主义建设道路的贡献

1956年到1965年期间，刘少奇为了找到适合我国国情的社会主义建设道路，进行了艰辛的探索，提出了一些颇有见地的思想。

第一，认为经济建设必须从国情出发。他认为，中国是一个刚刚从半殖民地半封建转变到新民主主义社会的国家，生产力水平低，科学文化落后，国家和人民都很贫穷，在这样的条件下建设社会主义，不能急于求成，必须经过长期的艰苦努力。1950年，刘少奇在《国家的工业化和人民生活水平的提高》一文中指出："在国民经济中，百分之九十左右还是手工业和个体农业……它们的生产力很低，耗费劳动力很大，不能生产出大量的物质资财。"从国情出发，就不能照抄照搬外国的模式，要走中国自己的建设道路。1962年，刘少奇在中共中央扩大工作会议上指出："我们应该学会自己走路，应该根据中国的特点，采取适合中国情况的方法来进行建设，要按经济办法管理经济。"

第二，主张注重生产力的发展。刘少奇认为，社会主义根本的问题在于发展生产力，实现国家工业化，提高人民的物质文化生活水平。他一直集中精力抓经济工作，他认为"一切工作和其他建设均配合经济建设，一切以经济建设为中心"。

第三，认为社会主义经济，既要有计划性，又要有多样性。他在1957年提出："研究社会主义经济，还要特别注意一个问题，就是使社会主义的经济，既要有计划性，又要有多样性和灵活性。"他认为苏联只讲究计划经济，搞得呆板，没有多样性、灵活性。"我们一定要比资本主义经济搞得更多样、更灵活"，"使我们人民的经济生活丰富多彩，更方便、更灵活"。为了实现这一目标，刘少奇提出了四项措施：一是要有自由市场，"不止商业上有自由市场，还有地下工厂，另外，农业上还有家庭副业、自留地"。他认为，自由市场可以补充国营商业的不足，有利于方便人民。二是发挥价值规律作用。三是要"增加地方与企业的自治（主）权力"。他指出，有些事情要让地方去办，给地方一些机动权。如果地方和企业没有适当的自治权，就不可能有很高的积极性，整个社会经济也就不能活跃起来。四是允许商品经济存在。

他认为社会主义社会是一种过渡性质的社会，仍然保留着许多资本主义的痕迹，许多资本主义采用的东西，如商品、货币等，社会主义仍然需要采用，要利用它们来为社会主义服务，刘少奇提出要促进生产资料的流通。

第四，提出按经济办法来管理经济。1956年，刘少奇指出，上级国家机关往往对于企业管得过多、过死，妨碍了企业应有的主动性和机动性，因此要扩大地方和国营企业的权力，刘少奇还提出企业要有相对独立的管理权和经济核算权。

第五，提出改革分配制度。他认为固定工制度有很大弊病，不利于工人增加责任感、进取精神和竞争意识，他认为今后工厂进人，一律都签订合同，合同工也是一种劳动制度。他提出实行两种劳动制度的主张，即固定工与合同工、临时工并存的劳动制度，他指出，劳动制度不能只是一种，要尽量用临时工、合同工，这种临时工、合同工，也是正式工。有些工厂，历来就是季节性生产的工厂，例如，糖厂、烟厂、榨油厂、碾米厂、面粉厂、造纸厂，就是用季节性的工人，有工作就来，没有工作就回家。要从制度上改变我国的分配制度，要实行按劳分配原则和多种分配形式，多劳多得，少劳少得。他认为，按劳分配，不但要表现在工资问题上，而且要表现在实物上，提出企业要有奖励制度。

（三）周恩来对探索适合中国国情的社会主义建设道路的贡献

第一，他坚持发展生产力是社会主义的根本任务。他指出："社会主义是指生产关系而言，同时也表现在生产力上。"生产力是一切社会发展的最终决定力量。他十分重视经济建设，他指出，解放战争在全国取得基本胜利以后，我们的中心工作就是恢复和发展生产；我们看问题和决定政策都要以生产为中心，生产是我们新中国的基本任务。经济建设工作在整个国家生活中已经居于首要的地位，社会主义经济唯一的目的，就在于满足人民的物质文化需要，而为达到这一目的，又必须不断发展社会主义经济，科学技术在我国现代化建设中起着关键性作用。

第二，必须"实事求是"、"循序渐进"地推进经济工作。周恩来认为，我们的经济建设落后，发展不平衡，还是一个农业国，大多数工业在沿海，我们的科学水准、技术水准都很低。在这样落后的中国进行社会主义经济建设，任务具有长期性和艰巨性。调查研究要做到实事求是，他指出，下去调查，要敢于正视困难，解决困难。还要坚持"从群众中来，到群众中去；坚持真理，修正错误"的原则。实事求是地制订和实施经济计划，1956年1月，在知识分子问题会议上他指出："不要搞那些不切实际的事情，要使我们的计划成为切实可行的、实事求是的计划，而不是盲目冒进的计划。"

第三，重视农业的基础作用。周恩来强调要恢复生产，首先就得恢复农业生产，无论什么时期都不能取消忽视乡村这个广大的农业基础，农业的恢复是一切部门恢复的基础。

（四）邓小平对探索适合中国国情的社会主义建设道路的贡献

他重视和加强企业管理。1961年9月，邓小平在《工业七十条》中提出了关于整顿工业企业、改善和加强企业管理、实行职工代表大会制等观点。提出根据实际情况调整生产关系。1962年邓小平在接见出席中国共产主义青年团三届七中全会全体同志时指出，生产关系究竟以什么形式为最好，恐怕要采取这样一种态度，就是哪种形式在哪个地方能够比较容易、比较快地恢复和发展农业生产，就采取哪种形式；群众愿意采取哪种形式，就应该采取哪种形式，不合法的使它合法起来。现在要恢复农业生产，也要看情况，就是在生产关系上不能完全采取一种固定不变的形式，看用哪种形式能够调动群众的积极性就采用哪种形式。

（五）朱德对探索适合中国国情的社会主义建设道路的贡献

第一，在所有制结构上，主张保留个体经济，反对集体经济盲目向国营经济过渡。朱德主张慎重地对待所有制结构的变革，主张发展集体经济。同时他也反对消灭个体经济，认为全民所有制、集体所有制、个体经济都要承认。"看起来保留一点私有制，实际上对公有制是个补充。这两年我们只强调最好是消灭私有制。现在保留一点私有制，保留家庭副业，农民才愿意生产出更多的东西来供应市场。你不这么搞，他就不生产。"

第二，建立充满活力的经济体制。主张中央向地方、上级向下级下放权力，同时强调中央对地方、上级对下级的监督和领导。朱德主张改革经营方式，1962年，他提出可以在企业、事业单位中实行厂长负责制。在农业生产上，他赞同实行包产和家庭责任制。强调充分发挥交换环节在生产过程中的作用，朱德认为，在商品交换的过程中，不仅要重视国营商业的作用，还应发挥作为集体经济的供销社的作用，应该使基层供销社既担负起外调、内销、收购、指导土特产生产的任务，又能组织农村的手工业者和多余的劳动力，进行产品的加工和销售。同时也充分发挥个体经济的小商小贩、行商走贩的力量，认为他们对搞活经济起到不可低估的作用。认为农业和工业都要发展成为商品生产，以适应国家建设和改善人民生活的需要。尤其要把农业纳入商品生产的轨道，发展经济作物和多种经营，国家多出台有利于农业商品生产发展的政策，如减少经营管理环节，允许基层单位直接同外贸系统挂钩，不断调整价格和税收政策等。

第三，注重调查研究。他经常下基层进行调研，在1956年至1966年，朱德外出视察27次，走遍了除西藏、宁夏、台湾以外的所有省市自治区。朱德不但考察一些大城市，而且考察过许多中、小城市以及农村，注重从基层干部、一般群众那里了解情况。

（六）陈云对探索适合中国国情的社会主义建设道路的贡献

陈云在中共八大提出了关于社会主义经济制度实行"三

个主体，三个补充"的设想，即在工商业经营方面，国家经济和集体经济是工商业的主体，一定数量的个体经济是国家经济和集体经济的补充。陈云认为，必须保留一定数量的小工厂，因为小工厂经营灵活，可以生产多种品种，不断满足人民群众日益变化的需求。在手工业方面，应该按原来分散生产、自负盈亏的方法经营，有利于调动手工业者的积极性。农业方面，除粮食、棉花及其他主要经济作物由国家管理外，其他农作物可由农民自由经营，到市场自由出售。

在生产计划方面，计划生产是工农业生产的主体，按照市场变化在国家计划许可范围内的自由生产是计划生产的补充。陈云指出，今后计划统计制度要改变，来一个大计划（指钢铁、棉纱等）、小自由（指小工业、手工业），即主要方面有计划，次要方面来个自由市场。这种自由市场是国家市场的补充，不是资本主义无政府状态下的自由市场。总之，要适应中国的实际情况，个体生产是集体所有制的补充。

在社会主义的统一市场里，国家市场是主体，一定范围内的国家领导的自由市场是国家市场的补充。市场管理很严格，会使产品品种减少，质量下降，今后不仅要有国家市场，而且要有国家市场领导下的自由市场，只有这样，市场才能活跃。

陈云的这个设想，不仅突破了苏联的高度集中的计划经济体制，而且在一定程度上允许非公有制经济成分合法存在，允许市场经济充分发挥其作用，并且这个建议为中共八大决议所采纳。八大会议充分肯定了陈云的设想，实际上是明确我国的社会主义经济要以计划生产、集体经营和国家市场为主体，同时允许按原料和市场情况进行生产、分散经营，并把在一定范围内的自由市场作为补充，肯定市场在微观经济运行中的调节作用；承认价值规律在配置资源、刺激生产、提高质量、降低成本方面发挥的积极作用。这表明，党在社会主义经济体制、经济发展模式和经济制度的认识方面取得了重要进展。

以毛泽东为核心的党的第一代领导集体对中国社会主义建设道路的初步探索具有重大的理论意义和实践意义。

第一，它标志着中国共产党人开始走出苏联模式，以苏为鉴，进行马克思主义与中国实际的第二次结合，独立自主地探索出一条适合中国国情的社会主义建设道路，形成了探索中国建设社会主义道路的良好开端。

第二，以毛泽东为主要代表的中国共产党人，包括周恩来、陈云、朱德等，在初步探索中提出了一些正确的和比较正确的理论观点与方针政策，尽管有的思想还是不够成熟，有的并未付诸实施，有的在实践中没能得到坚持，甚至还出现了严重的背离，但他们所做的开创性工作，有着十分重要的理论意义和实践意义。正如邓小平后来指出的："现在我们还是把毛泽东同志已经提出、但是没有做的事情做起来，把他反对错了的改正过来，把他没有做好的事情做好。今后相当长的时期，还是做这件事。当然，我们也有发展，还要继续发展。"

第三，这些探索及其所取得的理论成果，为中共十一届三中全会后逐步形成的邓小平理论提供了重要的思想来源，为中国特色社会主义理论的形成和发展奠定了理论基础。探索中所经历的曲折和失误，也从正反两个方面为建设有中国特色社会主义道路的开辟积累了宝贵的经验。

第二章　社会主义本质理论的形成与内涵

　　20世纪80年代初，正值我国刚刚实行改革开放之际，面对着因为政策调整出现的种种疑虑和困扰，邓小平在阐述如何才能充分发挥社会主义优越性时说："什么是社会主义，这个问题也要解放思想。"1980年5月，邓小平第一次提出"社会主义本质"这个概念，他指出："社会主义是一个很好的名词，但是如果搞不好，不能正确理解，不能采取正确的政策，那就体现不出社会主义的本质。"

　　社会主义本质理论的雏形基本上是在20世纪80年代构建出来的。

　　1980年5月，邓小平在讲话中说："讲社会主义，首先就要使生产力发展，这是主要的。"在这里他将生产力是否发展作为判断社会主义的首要标准，并先后归纳了十个不是社会主义的内容，即贫穷不是社会主义、发展太慢不是社会主义、平均主义不是社会主义、两极分化不是社会主义、僵化封闭不是社会主义、照搬外国经验也不能发展社会主义、没有民主就没有社会主义、没有法制也没有社会主义、不重视物质文明搞不好社会主义、不重视精神文明也搞不好社会主义。

马克思主义经典著作中关于社会主义的描述是邓小平社会主义本质理论提出的理论渊源，邓小平在吸取了世界上社会主义兴衰存亡的经验教训后，认真分析我国当时的国情，进行了严肃而深入的思考。

1986年9月，邓小平对美国记者关于"致富光荣的口号同社会主义的关系"提问的作答时，提出了社会主义本质论断的大体框架。他认为，社会主义原则，第一是发展生产，第二是共同富裕。

邓小平一直认为社会主义与资本主义的根本区别就是社会主义坚持共同富裕，不搞两极分化。1990年12月24日，他在同江泽民等谈话时说："共同致富，我们从改革一开始就讲，将来总有一天要成为中心课题。社会主义不是少数人富起来、大多数人穷，不是那个样子。社会主义最大的优越性就是共同富裕，这是体现社会主义本质的一个东西。如果搞两极分化，情况就不同了，民族矛盾、区域间矛盾、阶级矛盾都会发展，相应地中央和地方的矛盾也会发展，就可能出乱子。"他把发展生产和增加人民收入称之为压倒一切的标准，已经将社会主义本质的核心内容一针见血地指出来。

1992年邓小平在南方谈话中，对社会主义本质作出了完整的表述："社会主义的本质就是解放生产力，发展生产力，消灭剥削，消除两极分化，最终达到共同富裕。"1992年邓小平的南巡讲话，解决了改革开放遇到的姓"资"、姓"社"问题，指出发展才是硬道理。邓小平视察南方的讲话，进一步解放了人们的思想，对建设有中国特色的社会主义产生了深远影响。邓小平的社会主义本质理论是邓小平理论体系中最光彩夺目的篇章，是邓小平同志运用马克思主义基本原理，顺应时代发展的特征，将科学社会主义的基本原理与中国的基本国情相结合的智慧结晶。

第一节　首要的基本理论问题

邓小平的社会主义本质理论，是他留下的最灿烂的理论遗产，也最能体现他作为无产阶级革命家和战略家的理论勇气和政治魄力，它是社会主义思想发展史上一次认识上的重大飞跃，也是为搞清楚"什么是社会主义，怎样建设社会主义"这个首要的基本理论问题而提出的。"什么是社会主义，怎样建设社会主义"是邓小平在领导我国进行改革开放和社会主义现代化建设这一新的革命过程中，一再提出和反复思考的一个根本问题。正是因为没有解决好这个问题，才导致社会主义在其实践过程中经历了无数次艰难曲折。

什么是社会主义，探索的是社会主义的本质；怎样建设社会主义，探索的是社会主义的发展道路。正因为没有把这个问题理解透、搞清楚，所以，我国社会主义在改革开放前经历了曲折和失误。改革开放以来在前进中遇到的一些犹疑和困惑，归根到底也是对这个问题的把握不够到位。

邓小平对社会主义基本理论问题非常重视，对社会主义基本理论问题的研究是研究其他问题的基础，邓小平不止一次地指出："什么叫社会主义，什么叫马克思主义，我们过去对这个问题的认识不是完全清醒的。""我们总结了几十年搞社会主义的经验，社会主义是什么，马克思主义是什么，过去我们并没有完全搞清楚。""认识不是完全清醒的"与"没有完全搞清楚"是一个意思。这句话讲得很有分寸，是"没有完全搞清楚"。他还说："我们搞改革开放，把工作重心放在经济建设上，没有丢马克思，没有丢列宁，也没有丢毛泽东，老祖宗不能丢啊。问题是要把什么是社会主义搞清楚，把怎样建设社会主义搞清楚。"

马克思、恩格斯都没有经历社会主义的实践，他们只是探讨了未来社会主义社会的某些特征，他们没有提出和制定建设社会主义的具体方案。建设社会主义是前无古人的崭新事业，各国的具体建设道路只能在实践中一步步探索。马克思主义创始人原来预见社会主义最先在高度发达的资本主义国家产生，但实际上社会主义是在社会经济文化都比较落后的国家中产生。由于这些国家缺乏经验，建国后，就搬用了经典社会主义的一些原则，如实行高度集中的计划经济体制、单一的全民所有制、近乎平均主义的按劳分配，使这些国家在社会主义建设中走了一些弯路。我国在社会主义建设初期，也照搬照抄苏联模式，把马克思主义理论教条化。

1956年，毛泽东才开始探索适合中国国情的社会主义建设道路，但由于对"什么是社会主义，如何建设社会主义"这个重大课题没有完全搞清，我国才发生了"大跃进"等严重的错误。20世纪80年代，苏联和东欧国家走上改革的道路；90年代，苏联解体，东欧国家改弦易辙，这些都与这个问题有关。邓小平站在历史的大背景下，总结世界社会主义和我国社会主义胜利与挫折的经验教训，与坚持和发展马克思主义相结合，正面回答和解决了这一基本理论问题，提出了社会主义的本质理论。

邓小平认为搞清楚这个问题非常重要。第一，邓小平认为只有搞清楚"什么是社会主义，怎样建设社会主义"这个首要的基本理论问题，才能真正坚持社会主义，坚持马克思列宁主义、毛泽东思想。他明确指出我们建立的社会主义制度是个好制度，我们必须坚持。第二，只有搞清楚这个问题，才能从实际情况出发，说出一些老祖宗没有说过的、能够回答新情况下出现的新问题的新话，才能从本国实际情况出发，把马克思列宁主义与中国实际相结合，建设有中国特色的社会主义。第三，只有搞清楚这个基本理论问题，才能实现对马克思主义的继承、发展和创新。

第二节　社会主义本质理论的提出

十一届三中全会以后，邓小平提出："社会主义的本质，是解放生产力，发展生产力，消灭剥削，消除两极分化，最终达到共同富裕。"这个关于社会主义本质的论断，是邓小平总结了多年来的经济建设经验，深化概括出来的对社会主义的新的理解和认识。社会主义的本质问题是关系到社会主义建设成败的根本性问题。社会主义事业经历了一个世纪的风风雨雨，有过胜利的辉煌，也有过挫折和艰难。纵观整个社会主义事业的曲折，紧密联系中国实践，看清楚当代中国社会主义的理论发展脉络，突出社会主义前进和曲折中的转折点、关键点和生长点，探索出适合中国发展实际的社会主义理论发展轨迹，对于推进建设有中国特色社会主义的理论和实践都有重要意义。社会主义本质理论的构建顺应了时代的脚步，符合理论完善和实践发展的需求。邓小平提出的社会主义本质理论在我国社会主义建设中起着重要作用，邓小平社会主义本质理论从萌芽到成熟分为以下几个阶段：

一、社会主义本质理论的酝酿准备阶段

邓小平对社会主义真谛的探索开始于1956年，从1956年到党的十一届三中全会这段时间，属于邓小平社会主义本质理论的酝酿准备阶段。邓小平看到了苏联的失败教训，放眼世界的大环境，立足于中国国情，对中国社会主义建设道路展开了探索。当时，解放思想、实事求是地认识社会主义，就是要改变苏联社会主义模式的弊端，突破单一的传统模式，构建符合本国特点和时代要求的新的社会主义模式。1956年，邓小平着重强调马列主义普遍真理要与本国实际相结合，不能一味地照搬照抄别国的东西。1962年，邓小平提出了一些比较能够调动群众生产劳动积极性的口号和观点，"生产关系究竟以什么形式为好"，"白猫、黑猫，只要捉住老鼠就是好猫"，"在生产关系上不能完全采取一种固定不变的形式，要看用哪种形式能够调动群众的积极性"。这些指导思想可以相对容易、效率比较高地恢复和发展生产，体现了解放思想、实事求是的精神，并露出坚持生产力标准、寻求社会主义真谛的端倪。

1975年，邓小平根据社会主义建设的经验教训，重新开始了对"什么是社会主义"的探索，大刀阔斧地提出了全面整顿的主张和纲领。邓小平在后来回想时说："1975年我负责中央常务的工作，那个时候把改革叫作整顿。强调经济搞上去，首先是恢复生产秩序。"拨乱反正是一个浩大的工程，实际上整顿只是改革的一个开始，是预演。在"四人帮"假社会主义十分横行的灰色岁月，已孕育着一个伟大理论的诞生。

二、社会主义本质理论的命题阶段

"什么是社会主义，怎样建设社会主义"是我党在领导全国人民进行社会主义实践中必须面对的首要的基本理论问题。改革开放最先面临的难题就是姓"资"还是姓"社"的问题。农村家庭联产承包责任制是中国改革的突破口和第一推动力。虽然家庭联产承包责任制在最初实施时就取得了一些成果，受到了人民的支持与欢迎，可是从地方到中央对这个问题的认识存在分歧。在那个时期，人们的思想僵化，不少人错误地认为，包产到户等责任制是在走资本主义道路，即使对发展生产、改善人民生活有所帮助，也必须加以反对。一些人固执地坚持着原来的那一套想法，即便农民外出要饭，闹大饥荒，也是社会主义，必须坚定不移地走下去。针对这种看法，1978年邓小平在安徽省委针对如何解决凤阳农民外流讨饭问题进行研讨时说，社会主义还要饭，那叫什么社会主义！我们不能以牺牲人民的利益和生命来换取社会主义，那不是真正的社会主义。社会主义绝不是让人民挨饿受穷，而是让人民活得更美好！应客观理智地认识到大部分农民都在消极怠工，农民积极性没有调动起来，这是个客观存在的事实。

进入20世纪80年代，农村包产到户的争论更趋尖锐。1980年1月，在国家农委召开的农村经营管理会议上，对包产到户是姓"资"还是姓"社"的问题发生了激烈的争论。包产到户又遭到多次讨伐，农村改革濒临夭折的危险。在中国改革能否起步的关键环节，邓小平进一步思考并多次提出"解放思想"这个必须解决的基本理论问题。

1980年4月21日，他提出了如何搞社会主义的两条最终的经验教训："第一，不要离开现实和超越阶段采取一些

'左'的办法，这样是搞不成社会主义的。""第二，不管你搞什么，一定要有利于发展生产力。发展生产力要讲究经济效果。只有在发展生产力的基础上才能随之逐步增加人民的收入。"同年5月，他表态支持家庭承包，并发表言论："社会主义是一个很好的名词，但如果搞得不好，不能正确理解，不能采取正确的政策，那就体现不出社会主义的本质。""根据我们自己的经验，讲社会主义，首先就要使生产力发展，这是主要的。只有这样，才能表明社会主义的优越性。社会主义经济政策对不对，归根到底要看生产力是否发展，人民收入是否增加。这是压倒一切的标准，空讲社会主义不行，人民不相信。""社会主义的本质"这个概念也提出来了。将发展生产力和提高人民收入作为压倒一切的两条标准标志着社会主义本质理论的最初模样。一年后，当邓小平再次谈到这一点时说："我们提出这些农村政策，很自然在人民和干部中间提出了一个是不是坚持社会主义道路的大问题。"社会主义本质理论就是在解决这个大问题的关键时期孕育的。

三、社会主义本质理论的基本形成阶段

中国的体制改革从实质上看，是用新的社会主义经济模式来改造和代替旧的经济体制模式的过程。这是社会主义制度实现形式的历史选择，发展道路的需求。改革就是改变旧的所有制过分单一、忽视市场机制的过分集中的体制，这就必然要求摒弃在所有制上要求纯而又纯、在运行机制上排斥市场经济的旧观念。随着经济体制改革从农村逐步转移到城市，并全面展开，社会主义商品经济理论也应运而生。1984年关于经济体制改革的决定提出了社会主义也应发展商品经济，第一次阐明了社会主义经济是公有制基础上的有计划的商品经济，商品经济的充分发展，是社会主义经济发展的不可能无视和跳过的重要阶段，是实现我国经济现代化的必要条件。从此，打破了把计划经济同商品经济对立起来的传统观念，社会主义商品经济论的开始形成标志着我们对社会主义的认识取得了重大的新进展。但这个理论当时没有得到广泛的认同和接受，"什么是社会主义，怎样建设社会主义"这个首要的基本理论问题就更加突出地、尖锐地摆在我们面前。

伴随着这个问题鲜明地、频繁地、突出地提出，邓小平在反复研究总结和探索的过程中得出了发展生产力是社会主义的根本任务、共同富裕是社会主义的目的这两个结论。谈到社会主义的根本任务是发展生产力时，邓小平强调在我国当时的国情下，只有走社会主义道路、走共同富裕的道路，才能真正改善人民的生活。1986年9月，他说："不能有穷的共产主义，同样也不能有穷的社会主义。……社会主义原则，第一是发展生产，第二是共同致富。"这两大原则的概括是社会主义本质理论形成的一个重要阶段，也是社会主义本质理论的雏形。

四、社会主义本质理论的正式形成阶段

20世纪80年代末90年代初我国的改革进入攻坚阶段。80年代的改革取得了重大的成就，这十年经济持续发展，国力显著增强，经济和社会生活欣欣向荣，人民的生活得到了大幅度的改善。但是在经济飞速发展的同时，诸多的矛盾和问题也随之产生。80年代中国经济的腾飞发展主要是由非国有企业和对外开放带动的，国有企业虽然做出了重大的贡献和

牺牲，改革仍无从下手，国家的财税体制和金融体制的革新并没有实质上的突破，导致了双重体制长期并存的现象。双重体制造成了堪忧的局势，出现结构恶化、效益下降、腐败蔓延等问题。这些问题根源于市场取向改革有待于深化，正是市场取向改革的不够，才造成了上述问题。要深化市场取向改革，必须明确地把社会主义市场经济作为我国经济体制改革的目标。但是明确提出社会主义市场经济，不仅要摒弃苏联模式的经济理论，而且意味着对马克思的社会主义基本特征的认识作重大突破。因此，从计划经济理论转变为社会主义市场经济理论是困难重重的。这个飞跃不仅要解决哪种体制能更有效地配置资源，还涉及到"什么是社会主义"这个基本理论问题。

长期以来，人们把计划经济当作社会主义的本质特征，把市场经济当作资本主义的本质特征。认为社会主义就是计划经济，放弃计划经济就是背弃社会主义；市场经济就是资本主义，实行市场经济，就是复辟资本主义。在这种僵硬观念的束缚下，在原有体制的弊端暴露后，在开始改革以后，人们并没有热情地投入到市场取向改革中去，而把改革看作是对计划经济体制的或大或小的修补，于是使改革陷入困境。尽管中国较快地走向市场取向改革，但在改革进入攻坚阶段以后，迫切地要求在实践上深化市场取向改革，在理论上从根本上破除把计划经济等同于社会主义、把市场经济等同于资本主义的思想障碍。邓小平以大无畏精神，反复强调计划和市场都是方法，而不是社会主义和资本主义的本质区别。针对有的人把市场经济等同于资本主义的观点，1990年以来，邓小平多次指出，我们必须从理论上搞懂，资本主义与社会主义的区分不在于是计划还是市场这样的问题。社会主义也有市场经济，资本主义也有计划和控制。1992年，邓小平在南方谈话中，明确提出了社会主义本质理论。"计划和市场都是经济手段。社会主义的本质是解放生产力，发展生产力，消灭剥削，消除两极分化，最终达到共同富裕。"

研究社会主义本质理论提出的过程，有助于我们了解邓小平之所以要在社会主义特征之上提出一个社会主义本质来，是为了推动改革，为了解放思想，排除姓"资"姓"社"的干扰，为了矫正人们把所有制过分单一的、忽视市场机制的苏联模式的特征当作社会主义的特征，尤其是为了矫正人们把计划经济当作社会主义的基本特征、把商品经济和市场经济当作资本主义的基本特征的观念。邓小平的社会主义本质理论是在和平与发展成为时代主题的历史条件下，在我国改革开放和现代化建设的实践中，在总结我国社会主义胜利和挫折的历史经验并借鉴其他社会主义国家兴衰成败历史经验的基础上，逐步形成和发展起来的。它第一次比较系统地初步回答了中国社会主义的发展道路、发展阶段、根本任务、发展动力、外部条件、政治保证、战略步骤、党的领导和依靠力量以及祖国统一等一系列基本问题，指导党制定了社会主义初级阶段的基本路线。它是贯通哲学、政治经济学、科学社会主义等领域，涵盖经济、政治、科技、教育、文化、民族、军事、外交、统一战线、党的建设等方面比较完备的科学体系，又是需要从各方面进一步丰富发展的科学体系。

第三节　社会主义本质理论的科学内涵

邓小平对社会主义本质理论进行的概括和把握，一方面强调必须集中力量解放和发展生产力，另一方面提出了解放和发展生产力的目的。它包括了三个方面的内容：第一个方面，解放生产力，发展生产力，是社会主义的根本任务，是共同富裕的物质基础；第二个方面，消灭剥削，消除两极分化，这是社会主义生产关系的根本要求，也是实现共同富裕的根本途径；第三个方面，最终达到共同富裕是社会主义的根本目的，也是社会主义优越性的最高体现。这三个方面的概括，既包含了社会主义生产力，又包含了生产关系；既包含了社会主义根本任务，也包含了社会主义的根本目标；既讲了社会主义的根本要求，又讲了社会主义的最高价值。

一、把解放和发展生产力纳入社会主义的本质

解放生产力、发展生产力是社会主义的根本任务，这是社会主义本质理论的一个十分明显和突出的特点。马克思认为发展生产力是非常重要的，社会形态推进的根本动力就是发展生产力。强调解放和发展生产力在社会主义本质中的地位，是邓小平在科学社会主义理论与社会主义建设实践统一的基础上认识社会主义的一个创造，也是他提出社会主义本质这个具有更高概括性范畴的重要原因。

从我国建设社会主义的曲折历史看，过去对什么是社会主义的问题之所以没有完全搞清楚，一个重要的原因就是离开生产力水平抽象地谈论社会主义。解放和发展生产力是每一个新的社会制度固有的历史使命和根本任务，过去人们没有认识到它是体现社会制度属性的范畴。邓小平之所以把解放和发展生产力纳入社会主义本质之中，不是简单地对社会主义历史使命和根本任务的逻辑推演，而是以唯物史观为指导，认真总结社会主义建设的历史经验，科学把握中国当前的时代特征，把解放和发展生产力纳入社会主义本质之中。

马克思指出："无产阶级在夺取政权后，要利用政权的力量剥夺资产阶级的全部资本，把一切生产工具集中在国家即组织成为统治阶级的无产阶级手里，并且尽可能增加生产力的总量。"所以在建国初期，中国共产党带领无产阶级在夺取政权后，首先完成社会主义改造，面临的首要任务就是发展生产力。中国共产党也走过很多弯路，很严重的一条就是忽视发展生产力，在一段时期内甚至"以阶级斗争为纲"，"以路线斗争为纲"，关起门来搞斗争。这些手段搞得人们离心离德，人们的生活水平长期得不到提高，并没有发挥出社会主义的优越性，使人们对社会主义的前途和信心发生动摇。更严重的是不仅社会主义的东西无法建立，而且许多封建主义的东西以新的形式沉渣泛起。

从中国的具体国情看，我国还处于社会主义初级阶段，人民群众日益增长的物质文化需要同落后的社会生产之间的矛盾尤为突出，这也要求必须不断解放和发展生产力。同时，从时代特征看，和平与发展仍是时代主题，新的科技革命迅速发展的条件下，世界各国尤其是我们的周边国家和地区都在研究如何抓住时机、加快发展自己的问题，竞争十分激烈。只有突出解放和发展生产力在社会主义本质中的基础地位，中国才能坚持以经济建设为中心，不断推进社会主义现代化建设，并最终以实践来证明社会主义优于资本主义。

解放生产力、发展生产力这一本质内容要体现在社会主义发展的全过程。发展生产力还有一个解放生产力的问题。资本主义尽管在一定时期内能适应生产力的发展，但随着生产力的继续高速发展，资本主义迟早会被社会主义所代替。改革开放以前，我国原有的经济体制、政治体制和其他方面的体制存在着种种弊端，束缚了生产力的发展，必须通过生产力的发展开辟出广阔的前景。所以，解放和发展生产力是中国共产党现阶段各项工作的重中之重，在十六大报告中也有所体现："马克思主义执政党必须高度重视解放和发展生产力，离开发展，坚持党的先进性、发挥社会主义制度的优越性和实现民富国强都无从谈起。我们党必须把发展作为执政兴国的第一要务，集中全国人民的智慧和力量，聚精会神搞建设，一心一意谋发展。"

二、消灭剥削、消除两极分化是社会主义的根本要求

这是社会主义与资本主义相区别的根本特点之一。简单地讲社会主义的本质是解放生产力和发展生产力，并不足以揭示社会主义与资本主义的本质区别。马克思主义认为剥削是一种经济现象，是社会生产力发展到一定历史阶段，出现了剩余劳动后才出现的。一般来说，消灭剥削分为三个层次：第一层次是消灭剥削制度和剥削阶级。当中国共产党已经建立了社会主义制度的时候，就意味着在生产关系上占统治地位的剥削阶级的剥削制度已被消灭，剥削阶级作为一个

阶级也已不复存在。第二层次的内容是消灭剥削现象和非剥削阶级的剥削分子。第三层次是消灭剥削意识，消灭剥削意识要经历一个相当长的过程，是到共产主义社会才有可能实现的长期目标。

剥削作为一种社会历史发展中出现的正常现象，是社会生产力发展到一定阶段的产物，也势必会随着生产力的高度发达而消亡。因此，我们应该以理性的眼光来看待剥削，不能完全从道义的角度去理解，否则是不可能得出正确结论的。封建社会代替奴隶社会，资本主义代替封建主义，都是以一种较为先进的生产关系代替另一种生产关系，也是以一种剥削制度取代另一种剥削制度，对于被剥削的劳动人民来说，剥削环境得到了改善。资本主义在某种程度上也存在解放和发展生产力的方面，但是资本主义制度和其他一切剥削制度一样，达不到共同富裕。相反，这些制度发展到一定程度后，势必会产生贫富的两极分化。社会主义本质不是一种单纯的思想意识，而是由社会主义制度本身决定的社会现实。邓小平指出，社会主义有两个非常重要的方面，一是以公有制为主体，二是不搞两极分化。这充分体现了社会主义本质的特征。在改革开放中，邓小平不仅讲清楚了发展生产力之后的社会果实归谁所有，还反映了人类的美好理想，同时也说明了以公有制为主体的所有制结构和公有制的实现形式，归根到底只能根据生产力解放和发展的实际要求、根据逐步实现共同富裕的实际进程来确定。

我国仍处于社会主义的初级阶段，是二元经济结构社会。地区间经济发展极不平衡，现代化的工业与按传统方式经营的农业同时存在。这种生产力的多层次性和不平衡性决定我国目前不能建立同一种所有制结构，必须建立以公有制为主体的多种所有制结构。马克思曾经说过："无论哪一个社会形态，在它所能容纳的全部生产力发挥出来以前，是决不会灭亡的；而新的更高的生产关系，在它的物质存在条件在旧社会的胞胎里成熟以前，是决不会出现的。所以人类始终只提出自己能够解决的任务，因为只要仔细观察就可以发现任务本身，只有在解决它的物质条件已经存在或者至少是在生成过程中的时候才会产生。"即生产力要有与之相适应的生产关系。建国初期，我国在经济建设中有深刻的教训，即我们片面追求所有制结构的"一大二公三纯"，认为只要进行上层建筑、生产关系的革新，就必然可以推动生产力的发展，却忽视了生产力的发展状况，忽视生产力与生产关系之间要相适应，结果给经济社会发展造成了损失。根据我国的基本国情，在社会生产力还没有得到充分发展以前，虽然剥削制度在我国已被消灭，但我们允许剥削现象在一定程度和范围内存在。

由于存在多种所有制结构和多种分配方式等一些原因，目前我国仍存在两极分化现象，邓小平曾经说过："社会主义不是少数人富起来、大多数人穷，不是那个样子。社会主义最大的优越性就是共同富裕，这是体现社会主义本质的一个东西。"在社会主义初级阶段，是容许社会成员之间存在一定程度的贫富差距的，这样的现象是在所难免的。这种差距提高了经济效率，是当今社会经济发展的必要动力之一。但如果差距悬殊，呈现扩大趋势，就会造成多方面的严重后果。

就像邓小平曾经所指出的："如果搞两极分化，情况就不同了，民族矛盾、区域间矛盾、阶级矛盾都会发展，相应地中央和地方的矛盾也会发展，就可能出乱子。"我国现阶段，党和政府正在采取一系列措施，调整收入差距的不合理现象。保护合法收入，调节过高收入，取缔非法收入，保障低收入者的基本生活。要形成与社会主义初级阶段基本经济制度相适应的思想观念和创业机制，使社会氛围成为比较适合鼓励和支持人们创造财富、干事业的环境和客观条件，容许让一切劳动、知识、技术、管理和资本的活力因素活跃起来，让一切创造社会财富的源泉充分涌流，以造福于人民。随着社会生产力的发展，随着社会主义制度由不完善到完善，社会主义的优越性将不断得到充分体现。

三、从社会主义的根本目标角度揭示社会主义的本质是"最终达到共同富裕"

只有在社会主义社会，共同富裕才有可能，而且也必然要实现。实现共同富裕，既是社会主义区别于资本主义以及一切剥削阶级社会的重要标志，也是社会主义作为共产主义第一阶段要始终为之奋斗的最终目标。在实现共同富裕这一问题上，我们应辩证历史地看待。邓小平指出，在经济政策上，允许一部分地区、一部分企业、一部分工人农民由于辛勤努力、合法经营而收入先多一些，生活先好起来。这一经济政策在实践中取得了很大成效，充分调动了广大干部群众发展经济、勤劳致富的积极性、主动性和创造性，国民经济发展出现了历史性飞跃。

邓小平社会主义本质理论对我国经济发展做出了相当大的贡献。一方面明确指出共同富裕是社会主义优越性的表现，是社会主义区别于以往所有剥削制度的根本特征。另一方面又把社会主义的根本目的和实现目的的手段紧密联系在一起，强调社会主义根本目的的实现务必建立在高度发达的社会生产力基础之上。邓小平社会主义本质理论揭示出只有社会主义才具有把解放和发展生产力与共同富裕有机联系在一起的显著特征，使人们对社会主义的认识更为清楚和具体。新时期，党提出了集中力量全面建设更高水平的小康社会，使经济更加发展、民主更加健全、科教更加进步、文化更加繁荣、社会更加和谐、人民生活更加殷实。而这一美好蓝图，在不远的将来将成为现实。在邓小平社会主义本质理论的指导下，我们正扎扎实实地、一步步地向共同富裕的目标迈进。

第四节 社会主义本质理论的特点

社会主义本质理论的特点不是一维的，而是多维的，社会主义本质理论的特点体现在多个方面。

一、突出了生产力的首要基础地位

邓小平抓住了社会主义的核心问题，从生产力的高度出发，概括了社会主义的本质。马克思主义指出，生产力在人类社会历史发展中具有最终的决定作用。人们在发展其生产力时，即在生活时，也发展着一定的相互关系；这些关系的本质必然随着这些生产力的改变和发展而改变。还指出，社会关系同生产力密切相连，随着生产力的获得，人们也就会改变自己的一切社会关系。手推磨产生的是封建主为首的社会，蒸汽磨产生的是工业资本家为首的社会。生产力决定一定的生产关系，决定社会的性质和面貌，并且是推动生产关系变革、实现社会进步的经济根源。生产力是一切社会发展的齿轮，是原动力，社会主义也一样。在过去，我们并没有认识到生产力对社会发展的重要意义，错误地将对社会主义的认识和理解放在生产关系的实践上。由于对社会主义的本质认识不清，对社会主义的任务也不十分清楚，甚至存在极大的误解，认为整个社会主义历史阶段的根本任务是阶级斗争，把阶级斗争的意义提得越来越高，以至发展到"文化大革命"。

在"以阶级斗争为纲"的口号下，大搞破除所谓"资产阶级法权"，把许多束缚生产力发展并不具有社会主义本质属性的东西当作社会主义原则加以固守，而把许多在社会主义条件下有利于生产力发展和生产的商品化、社会化和现代化的东西，如按劳分配原则、商品生产、货币交换、价值规律，当作资本主义加以否定。这是违背马克思主义基本原理的。按照马克思主义的基本观点，生产力是社会存在和发展的最一般条件，也是推动人类历史发展和进步的决定性力量。社会主义制度的建立，归根结底是生产力发展提出的要求。社会主义的进一步发展，也离不开生产力水平的提高。邓小平把解放和发展生产力作为社会主义本质来认识，既从根本上恢复了马克思主义的本来思想，又从根本上纠正了我们过去所犯的错误；既反映了中国社会主义初级阶段的迫切需要，又对当代世界提出的挑战作出了回答。

"把人们的积极性调动起来，把生产搞上去"是实现社会主义的根本。如果没有发展生产力，科学技术不够先进，即使将大量的生产资料集中在一起，联合劳动，那也并不是社会主义。邓小平对社会主义本质的阐述，强调了生产力是社会主义发展的最终决定因素，丰富了科学社会主义理论。生产力决定生产关系，经济基础决定上层建筑，生产关系的变革，社会形态的更替与发展，归根到底取决于生产力的发展，这是马克思主义唯物史观最基本的观点。邓小平关于社会主义本质的界定，把解放和发展生产力放在第一位即基础地位，纠正了过去只在生产关系和上层建筑意识形态领域内进行变革的错误倾向，将社会主义置于现实的基础之上，表现出实事求是的特点。

二、体现了生产资料的社会主义公有制占主体地位

邓小平关于社会主义本质的界定，不仅包括生产力这一

层次，也包括生产关系、上层建筑即"消灭剥削，消除两极分化"这一层面，从而划清了社会主义与一切剥削制度的界限。"消灭剥削，消除两极分化"十分清楚地指明了社会主义的生产关系、上层建筑是对一切剥削制度的否定，标志着它与所有剥削制度有着根本不同的质的规定性。同时，这一层面还包含了社会主义必须坚持以公有制为主体、以按劳分配为主、多种分配形式为补充、兼顾效率与公平的内容。

目前，我国实行的是公有制为主体、多种经济成分并存的基本经济制度。国家在社会主义公有制基础上，实行计划经济与市场经济统筹协调发展。由于我国处于社会主义初级阶段，生产资料公有制并非单纯的全民所有制和集体所有制，它的结构是相当复杂的，与社会生产力发展水平相适应，具有多种表现形式和实现方式。实行多种所有制形式和多种分配方式并存是社会主义本质特征的内在要求，只有这样，我国的经济、政治和文化才能沿着社会主义方向不断完善和发展。公有制又是个人消费品实行按劳分配的前提条件，是实现劳动人民共同富裕的物质基础。如果否定了公有制的主体地位，那么就必然会产生两极分化。公有制经济在国民收入创造、固定资产投资和劳动者就业人数等方面占优势，并掌握着国民经济命脉，这是社会主义国家在依靠市场配置社会资源基础上搞好宏观调控，保证整个国民经济持续、快速、健康发展的物质力量。

三、突出了社会主义的目的：消灭剥削，消除两极分化，最终实现共同富裕

这是社会主义与资本主义的本质区别。邓小平指出，社会主义要实行各尽所能、按劳分配为主的原则，贫富差距要控制在合理范围内，避免两极分化。邓小平反复强调："社会主义要消灭贫穷，贫穷不是社会主义。"怎样理解共同富裕的问题？邓小平告诉我们，坚持走社会主义道路，根本目标是实现共同富裕，然而平均发展是不可能的。过去搞平均主义和吃"大锅饭"是共同落后，改革发展首先要做的就是打破平均主义，打破"大锅饭"。一部分地区发展快一点，带动大部分地区，这是加速发展、达到共同富裕的捷径。反对平均主义，允许一部分人先富裕起来，是由社会主义客观经济条件和我国的国情决定的。

第一，我国的社会主义社会脱胎于半殖民地半封建社会，生产力水平低，社会化多层次，生产力发展存在区域性的不平衡，各地区地理自然条件、文化素质、管理和技术理念也不同，因此不同地区、不同部门、不同企业必然存在着富裕程度的差别。

第二，社会主义初级阶段的多种所有制、多种经营方式，由于资金、技术不同，经营水平层次不齐，也会带来收入上的差别。

第三，社会主义商品经济的发展，社会主义市场经济体制的建立，企业生产条件有差别，竞争能力大小不一，获得利润也必然有差别。

第四，社会主义个人消费品主要实行按劳分配，由于不同劳动者的个体差异，如劳动能力、劳动熟练程度和勤奋程度的不同导致富裕程度上的差别。在社会主义初级阶段，既然客观上存在着富裕程度的差别，就要容许一部分区域、一部分人先富起来。先富裕的途径是依靠勤奋劳动和合法经营。邓小平要求要富得合理，即靠勤奋和合法经营致富，而不是凭借特权、凭坑蒙拐骗等违法行为致富，不是靠偷税、漏税致富。另外，允许一部分人先富裕起来，是手段，不是目的，目的是使我国劳动者达到共同富裕，而不是产生穷富的两极分化现象。邓小平指出，社会主义的目的就是要全国人民共同富裕，不是两极分化。如果我们的政策导致两极分化，我们就失败了，如果产生了什么新的资产阶级，那我们就真是走了邪路了。

四、在动态中描述社会主义的本质

邓小平从实践中吸取经验，从实际出发，提出了社会主义本质理论。他在概括和界定"社会主义本质"的过程中，连续用了"解放"、"发展"、"消灭"、"消除"、"最终达到"五个动词，意味着社会主义本质其实是动态的，它是一个过程，社会主义本质的实现有一个历史过程。邓小平1988年5月25日在《思想更解放一些，改革的步子更快一些》一文中指出："坚持社会主义的发展方向，就要肯定社会主义的根本任务是发展生产力，逐步摆脱贫穷，使国家富强起来，使人民生活得到改善。没有贫穷的社会主义。社会主义的特点不是穷，而是富，但这种富是人民共同富裕。"邓小平针对当时的一种思潮，反复地号召和提醒人民，建设社会主义必须加快发展社会生产力，实现共同富裕。这是历史赋予社会主义的使命，是团结人民、巩固社会主义制度的基本条件。与此同时，他还强调，生产关系的演变也离不开生产力的发展。邓小平用解放生产力、发展生产力这几个动态环节的高度来揭示社会主义的本质，是对科学社会主义理论的重大贡献。

五、强调了改革的重要性

十一届三中全会之后，我国实行了改革开放，从计划经济向市场经济转变，从追求纯公有制向混合所有制转变，成功解决了我们的经济社会发展思路、动力与运行机制问题。这不是倒退，而是前进。没有发展的动力，就不会有创新；没有创新，社会主义也只是幻想。邓小平关于社会主义本质的论述，不仅讲发展生产力，而且讲解放生产力。历来，我们党认为社会主义制度建立以后，就主要是发展生产力而不是解放生产力。但事实告诉我们，社会主义国家的体制如果有问题，也会束缚生产力的发展，因此，也就有一个解放生产力的问题。

邓小平说："社会主义基本制度确立以后，还要从根本上改变束缚生产力发展的经济体制，建立起充满生机和活力的社会主义经济体制，促进生产力的发展，这是改革，所以改革也是解放生产力。过去，只讲在社会主义条件下发展生产力，不完全，应该把解放生产力和发展生产力两个讲全了。"突出解放生产力问题，而且把它提到社会主义本质的高度，这是对马克思主义的重大发展，也是社会主义本质理论中最有时代意义的内容。

社会主义是取代资本主义而出现的崭新的社会形态，社会主义的生产关系是适应发达的社会大生产建立起来的公有制的生产关系。这种生产关系适应生产力发展的需要，使得原来被束缚的生产力获得了解放。尽管这种生产关系和生产力之间也有矛盾，但这种矛盾的性质是非对抗性的，可以通过社会主义制度本身自觉的调节来不断加以克服，从而保证生产关系适应生产力发展状况的规律持续地、正常地发挥作用。邓小平说，通过改革，对内搞活经济，是活了社会主义，没有伤害社会主义的本质。社会主义能够通过改革来解放生产力，从而促进生产力的发展，实现社会的发展。而这正是社会主义优越于资本主义的根据，是最能体现社会主义本质的东西。因为社会主义与资本主义的区别当然在于生产力，但社会主义的最大功能、目标和价值，却在于能够比资本主义更好地发展生产力，如果忘记了这一点，社会主义也就失去了意义。

六、创造了中国的发展模式

社会主义本质理论体现了人民当家做主，为大多数人谋利益。体现社会主义精神文明，爱祖国、爱人民、爱劳动、爱科学、爱社会主义要成为社会风尚，一些"封资修"等腐朽思想要得到有效遏制。1978年党的十一届三中全会作出了三大转变：第一，从闭关自守向改革开放转变；第二，从计划经济向社会主义市场经济转变；第三，从纯公有制向混合所有制转变。在实现三大转变时，邓小平充分借鉴了发达资本主义国家的成功经验，并加以"吐故纳新"，结合自己的实际情况，创造了中国的发展模式。

所以初一看，我们的发展思路与资本主义没有什么两样，国内外都有人认为，我们现在还不是真正意义上的社会主义，但仔细观察，我们可以发现，我们的做法与资本主义的所作所为有许多重要区别。我们谋发展，当然也讲效率，但不搞"效率至上"，而是主张"以人为本"；我们也实行市场经济，但是我们实行的是政府调控下的市场经济，并且把社会主义的计划性纳入市场经济的竞争性之中；我们也讲竞争，但讲求"公平、公正"竞争；我们也讲自由民主，但那是一种有管理的民主，是一种更高级的自由民主；我们也讲利润，允许资本去追逐"剩余价值"，但强调"双赢"，既主张资本持有者有利可图，但要求资本持有者在谋求自身利益时，要考虑到有利于消费者，有利于社会。社会主义市场经济不是抛弃社会主义宗旨的市场经济，而是以实现社会主义为宗旨的市场经济。现在中国社会主义市场经济所面临的问题实际并不仅仅存在于经济领域，而且还存在于政治、社会和文化等多个领域。从"效率至上"到"以人为本"，从"追求利润最大"到"讲求互利双赢"，从"无情竞争"到"公平竞争"，每一个转变，不仅需要加强社会主义民主政治建设，还要加强和谐社会和先进文化等一系列制度建设。

总之，邓小平关于社会主义本质的概括，对社会主义必须实现共同富裕作了准确的认识，既把社会主义与资本主义制度严格区分开来，又体现了社会主义发展与进步的基础必须是解放和发展生产力；同时，共同富裕这一最终目标的实现还必须是一个动态过程。同时，也指出了社会主义本质与具体模式既有联系又有区别。社会主义本质与具体模式之间是共性与个性的关系。任何国家对社会主义道路的探索，都必须把马克思主义普遍原理与本民族特点相结合。历史经验表明，谁找到了适合自己国情的具体道路，谁的社会主义建设就发展迅速；反之，谁照搬别国模式，照抄书本现成的公式，谁就注定失败。

第五节　社会主义本质与社会主义特征的区别与联系

一、邓小平社会主义本质理论的内容

邓小平在南方谈话中对此作了明确的概括。指出，社会

主义的本质，是解放生产力，发展生产力，消灭剥削，消除两极分化，最终达到共同富裕。邓小平对社会主义本质的论述的意思有三点：第一，解放生产力，发展生产力。第二，消灭剥削，消除两极分化。第三，最终达到共同富裕。对社会主义本质的界定，笔者认为理由有以下三点：第一，人类社会的存在和发展离不开物质资料的生产，没有物质资料的生产，人们就不能得到维持生存的物质基础，就不能得到从事政治、科学、文化、教育等一切社会活动的物质基础，人类社会也就无法继续存在和发展。第二，社会主义本质是社会主义的内在要求和根本任务。贫穷不是社会主义，社会主义应该在经济发展水平和物质生活水平方面最终超过资本主义。只有这样，社会主义的优越性才能充分显示出来，也只有这样，社会主义才是名副其实的社会主义。第三，社会主义本质只有在社会主义条件下才能实现，这是由生产资料公有制和按劳分配的社会主义制度所决定的。

二、社会主义的五个基本特征

20世纪是社会主义在实践中发展的世纪。各国共产党人根据马克思主义经典作家关于社会主义的论述，进行了自己的社会主义实践，我们党在十一届三中全会以后认真学习马克思主义经典理论和总结实践经验，党的十三大概括出社会主义的五个基本特征：

第一，工人阶级和劳动人民的政权。即建立和巩固无产阶级专政或人民民主专政，在人民内部逐步建立高度的民主，对占人口极少数的剥削阶级的反抗和敌对势力实行专政。它根本区别于少数人统治多数人的资产阶级专政，它是建立和发展社会主义公有制、保证社会主义建设顺利进行的前提条件。

第二，生产资料公有制。这是社会主义最基本的经济制度。因为社会的性质是由占主体地位的生产资料所有制形式决定的。社会主义公有制与资本主义私有制有根本区别。

第三，按劳分配。以体现平等关系的按劳分配与体现剥削关系的按资分配有着本质区别。坚持按劳分配，能够避免平均主义和两极分化，实现劳动人民的共同富裕。

第四，以马克思主义为指导的社会主义精神文明。社会主义精神文明是以马克思主义为指导的，资本主义精神文明是以资产阶级思想意识为指导的，两者有本质的区别。

第五，共产党的领导。共产党是工人阶级的政党，是代表着工人阶级和广大劳动人民利益的。资产阶级政党是资产阶级的政党，是代表资产阶级少数人利益的，两者有本质区别。坚持共产党的领导是贯穿社会主义始终的，它是实现社会主义本质目标的重要政治条件。

三、社会主义本质与社会主义特征的区别与联系

马克思主义辩证唯物论认为，事物的本质是事物内在的规定性，是事物之中相对稳定的一般性的东西。社会主义也正是由于具有不同于其他社会形态的本质，才区别于资本主义等社会形态。社会主义的本质是指社会主义质的规定性。社会主义的特征是指社会主义的本质属性。社会主义的本质不等于社会主义的特征，本质比特征更深刻、更根本，决定着社会主义特征的存在、变化和发展。对社会主义本质的概括是对社会主义质的具体表现的抽象，但社会主义本质本身却不是抽象的存在，而是存在于社会主义的特征之中，并且

要通过社会主义的特征表现出来。

　　社会主义的特征比社会主义的本质更直接、更具体，它为社会主义本质的实现提供形式保障和结构基础，因而它必然会表现和反映出社会主义的本质。邓小平关于社会主义本质的概括，又指出了社会主义解放和发展生产力不同于资本主义社会的特点。解放和发展生产力作为一种具体的、历史的现实活动，又是在特定的生产关系和上层建筑中进行的。社会主义生产力的发展主要是在公有制为基础的社会主义生产关系中进行的，要受到社会主义生产关系的制约。它以坚持四项基本原则为前提，而不是通过走资本主义道路的方式去搞私有化。"消灭剥削，消除两极分化，最终达到共同富裕"为解放和发展生产力规定了方向，而不是为少数人致富。

第六节　社会主义本质理论的重大意义

　　邓小平坚持科学社会主义理论和实践的基本成果，抓住"什么是社会主义，怎样建设社会主义"这个根本问题，深刻揭示了社会主义本质，这是对马克思主义的重大发展，对于建设中国特色社会主义具有重大的理论意义和实践意义。它对科学社会主义理论做出了新的伟大贡献，丰富和发展了马克思主义。

一、有助于我们坚定社会主义信念，坚定不移地走社会主义道路

坚定的社会主义政治信念，来自对社会主义的科学认识。过去很长一段时间，我们一直在探索阶段，对什么是社会主义，各个国家并没有完全弄明白。邓小平指出："什么叫社会主义？什么叫马克思主义？我们过去对这个问题的认识不是完全清醒的。""社会主义究竟是个什么样子，苏联搞了很多年，也没有完全搞清楚"。同时也因为这种对社会主义认识的"不完全清醒"，给各国社会主义实践带来了惨痛的挫折和损失，动摇了一些人的社会主义信念，丧失了在社会主义道路上一直走下去的信心。这种思想任其发展，必将葬送社会主义。

邓小平指出："社会主义是一个很好的名词，但是如果

搞得不好，不能正确理解，不能采取正确的政策，那就体现不出社会主义的本质。"十一届三中全会以来，邓小平对社会主义本质这个问题进行了不懈的研究与探索。在1992年南方谈话中将其升华为社会主义本质论："社会主义的本质，是解放生产力，发展生产力，消灭剥削，消除两极分化，最终达到共同富裕。"这一科学概括，既指明了社会主义的根本目标，又指明了实现目标的手段，揭示了社会主义发展的客观规律，结束了对社会主义认识的"不完全清醒"状态，使人们对社会主义有了科学全面的认识，这有助于区分清楚社会主义和资本主义的本质，保证社会主义事业沿着科学的轨道胜利前进。

邓小平社会主义本质理论有助于中国高举社会主义大旗，揭示了社会主义发展的客观规律，有助于各国共产党解放思想，澄清对社会主义的不正确认识，克服把马克思主义教条化，防止苏联模式绝对化的错误倾向。社会主义本质理论的成果表明，按照社会主义本质要求，大胆探索适合本国国情的社会主义发展道路和发展模式的实践才是从实际出发，有利于本国发展的。社会主义本质理论对于愿意走社会主义道路的世界各国人民，也是一个极大的鼓舞和希望。

二、使我们对社会主义特征的认识产生了质的飞跃

社会主义本质，它是科学社会主义最基本的理论问题，是对社会主义社会形态区别于资本主义和其他社会形态的质的规定性的理论概括。只有科学认识社会主义本质，才能正确认识什么是社会主义。社会主义本质理论坚持了科学社会主义的基本原理，坚持了过去业已形成的关于社会主义观念中那些合乎科学、合乎实际的东西；同时根据新的实际，独创性地发展了科学社会主义理论。在邓小平提出社会主义本质理论之前，我们对社会主义的认识仅停留在对社会主义特征的认识上，是片面的、不全面的。

三、丰富和发展了科学社会主义理论

邓小平社会主义本质理论从更贴合实际的层次上揭示了"什么是社会主义"的问题，强化了对科学社会主义的认识，有助于我们澄清不合乎时代进步和社会发展规律的犯过

的错误，摆脱长期以来拘泥于具体模式而忽略社会主义本质的政策偏差。

另外，邓小平社会主义本质理论科学地引入了"生产力"的范畴，根据生产力与生产关系的辩证统一的关系来揭示社会主义的实质，从本源上克服了过去长期以来单纯从生产关系上认识社会主义的错误倾向，在理论上实现了社会主义从"以革命为中心的理论形态"向"以建设为中心的理论形态"的过渡，从"以阶级斗争为纲"的社会主义向"以经济建设为中心"的社会主义的历史性根本转变，是科学社会主义理论的巨大突破。

四、奠定了建设有中国特色社会主义理论的基础

邓小平社会主义本质理论不仅创新和发展了科学社会主义理论，还为提出建设有中国特色社会主义理论奠定了基础。建设有中国特色的社会主义，是以搞清楚什么是社会主义为前提条件的。搞清楚什么是社会主义，重点环节是要在坚持社会主义基本制度的基础上进一步了解社会主义的本

质。邓小平社会主义本质理论全面而科学地揭示了社会主义本质。邓小平的社会主义本质理论在内容上，是对社会主义观念的重大突破，如关于社会主义发展动力问题上的重要理解，关于社会主义市场经济问题上的伟大诠释等。这些新的理论与突破，对创立建设有中国特色社会主义理论具有十分重大的影响。建设有中国特色社会主义的理论，从一定程度上来解读，就是在新的历史条件下，从我国的具体国情出发，抱着实事求是的态度，对社会主义重新认识的产物。总之，没有邓小平对社会主义本质的科学认识和概括，就不可能创立建设有中国特色社会主义理论。

五、对探索怎样建设社会主义具有重要的实践意义

明确了区分社会主义和资本主义两种不同社会制度的根本标准。在党的十一届三中全会以前，人们往往把是否实行公有制、按劳分配和计划经济，当作区分社会主义和资本主义的根本标准。党的十一届三中全会以后，随着以市场经济为取向的经济体制改革的深入发展，又把是否坚持计划经济

当作区分姓"社"还是姓"资"的标准提了出来。对于标准问题，邓小平在1992年南方谈话中作出了概括性的总结，划清了社会主义同资本主义的本质界限。判断的标准是，应该主要看是否有利于发展社会主义社会的生产力，是否有利于增强社会主义国家的综合国力，是否有利于提高人民的生活水平。

六、指明了在改革中必须坚持完善发展社会主义生产关系的正确方向

毫不动摇地坚持公有制的按劳分配，维护公有制和按劳分配的主体地位，是体现社会主义本质的前提。改变了公有制和按劳分配的主体地位，就背离了社会主义的本质要求，势必走向两极分化的道路。通过改革解放了生产力，使生产力有了重大的飞跃，要求势必进一步完善和发展公有制的具体实现形式，发展社会主义以公有制为主体的所有制结构，通过不断地完善和发展社会主义生产关系，从而进一步解放和发展生产力。总的来说，在改革中只有按照生产力解放和发展的具体要求，遵从逐步实现共同富裕的实际过程，来确

定公有制的具体实现形式和以公有制为主体的所有制结构。只有这样，才能在坚持和完善公有制的社会主义道路上奋勇向前。

七、改变了把计划经济当作社会主义本质特征的传统理念

十一届三中全会以来，我们党正是基于对什么是社会主义的理论的探索和当代中国基本国情的科学的理论分析，才逐步建立了以邓小平为代表的建设有中国特色的社会主义理论，并在这一理论的指导下形成了贯穿整个社会主义初级阶段建设之中的有中国特色社会主义的基本路线。这条基本路线，反映了社会主义本质的要求，说明了中国社会主义发展的客观规律，明确指出了具有中国特色社会主义的发展道路。邓小平社会主义本质理论对坚持党的基本路线不动摇有着不可取代的作用。

社会主义本质理论突出强调解放生产力，发展生产力，反映了中国社会主义整个历史阶段尤其是初级阶段更要注重生产力发展的迫切要求，明确了社会主义基本制度建立后还

要通过改革进一步解放生产力，展现出在当前世界新科技革命推动生产力高速发展的情况下，社会主义为回应资本主义严峻挑战采取的战略决策。这就要求我们必须以经济建设为中心，坚持改革开放。消灭剥削，消除两极分化，最终达到共同富裕，阐明了社会主义社会的发展目标以及实现这个目标的手段和方式，是以解放和发展生产力为基础。这有助于我们与过去离开生产力实际状况搞"穷过渡"的"左"的观点划清界限，也有助于我们同只强调解放和发展生产力，而忽视消灭剥削、消除两极分化和最终达到共同富裕的右的观点划清界限。从这里体现出党的基本路线，体现了社会主义本质的要求。坚持党的基本路线不动摇，是邓小平社会主义本质理论的客观要求。

八、充分调动了人民群众的社会主义积极性和创造性，推进了社会主义现代化建设的进程

邓小平社会主义本质理论既突出了社会主义的根本任务是解放生产力，发展生产力，又强调了社会主义的根本目标是消灭剥削，消除两极分化，最终达到共同富裕。社会主

义本质理论把建设社会主义的目标和手段集中地概括在社会主义本质理论中，传递给我们一个可操作的强大思想理论武器，鼓舞了人民的信心。一旦人民群众完全掌握和理解了社会主义本质理论，就会焕发出由社会主义积极性和创造性构建的巨大的光芒，极大地推动社会生产力的发展，加快社会主义现代化建设的进程。

总之，邓小平对社会主义本质所作的理论概括，对科学社会主义理论既是坚持和继承，又是发展和创新，为我们真正搞清楚什么是社会主义、怎么建设社会主义，并在实践中创造出充满活力的社会主义奠定了科学的思想基础。

第三章 社会主义的根本任务

邓小平从社会主义本质的高度认识社会主义的根本任务是解放生产力，发展生产力。邓小平把发展问题提到了社会主义生死存亡的高度，指出发展才是硬道理，发展是党执政兴国的第一要务，科学技术是第一生产力。并且指出，始终代表中国先进生产力的发展要求，大力促进先进生产力的发展是中国共产党站在时代前列、保持先进性的根本体现和根本要求。

第一节 发展才是硬道理

"发展才是硬道理"这个重要命题贯穿在邓小平全部理论之中。1992年，中国历史进入了一个关键时刻。这一年年初，邓小平视察南方时，发表了重要谈话，明确提出了"发展才是硬道理"等战略思想，为我国的经济发展指明了方向。

一、把发展生产力作为社会主义建设的根本任务，是巩固和发展社会主义制度的根本要求

我国的社会主义社会是在半殖民地半封建社会的基础上建立的，当时我们底子薄，物质基础极其薄弱。因此，我国社会主义制度建立之后，最根本、最紧迫的任务就是集中精力发展社会生产力，只有这样，社会主义制度才能得到巩固。毛泽东曾把实现农业、工业、国防和科学技术现代化，作为党和国家的奋斗目标。然而由于"左"的思想影响，这个目标并没有按期实现。党的十一届三中全会以后，我们党把工作重心转移到经济建设上来，并制定了实现现代化的社会主义初级阶段的奋斗目标。

发展生产力是社会主义制度的本质要求。由于我国目前还处于社会主义初级阶段，我国的生产力水平低，发展还不平衡，与社会主义制度的要求还有一定的距离。社会主义的根本任务是解放生产力和发展生产力，加快经济发展速度，

提高经济发展质量，不断提高人民生活水平，才能为巩固和完善社会主义制度奠定坚实的基础。只有不断发展生产力，不断增强综合国力，社会主义在同资本主义的较量中，才能不断体现出优越性，才能比资本主义发展得更快、更好。邓小平强调，社会主义的优越性，归根结底就是要大幅度发展生产力，逐步改善、提高人民的物质生活和精神生活。只有不断促进社会生产力的发展，才能使不相信社会主义的人逐步相信社会主义，使相信社会主义的人进一步坚信社会主义。

二、"发展才是硬道理"战略思想的提出，是适应时代主题转变的需要

"发展才是硬道理"是一个带有时代性和国际性的命题。和平与发展是当代世界的两大问题。世界经济的全球化的发展，各国之间的经济联系日益密切，各国之间既竞争又合作，在竞争中求生存，在合作中求发展，发展已成为全球性的战略问题。在这两大问题中，和平是发展的条件，而发展是实现和平的根本出路。邓小平把中国的发展与世界的和平与发展联系起来，指出第三世界国家中人口最多的中国，

是世界和平力量发展的重要因素。无论是社会主义国家还是资本主义国家，无论是发达国家还是不发达国家，无论大国还是小国，都把发展经济作为头号任务。也就是说，中国加快发展起来，本身就是对世界和平与稳定的重大贡献。

中国经济保持良好的发展势头，不仅能造福13亿中国人民，也将为世界各国带来巨大的商机和市场。在经济全球化趋势日益深入的今天，中国的发展已经成为世界经济发展的推动力量。世界各国经济互利合作、相互依存的加深，必将给全球经济增长创造更加美好的前景。在这种形势下，发展中国家如果不能抓住机遇，发展自己，与发达国家的差距就必然会越来越大。中国是发展中国家，加快发展是保证中华民族屹立于世界民族之林的必然要求，因此我国要把发展经济作为一切工作的重中之重。

在国际上，应对复杂多变的局势，战胜种种风险和考验，最终要靠发展。在国内，解决我国社会主义初级阶段的主要矛盾，战胜各种困难，最终也要靠发展。我国正处在社会主义初级阶段，这个阶段最大的特点就是经济不发达，最根本的任务就是发展社会生产力，满足人民日益增长的物质文化生活需求，加快发展始终是关乎国计民生的头等大事。我国人口多、底子薄，社会就业和保障的压力很大，贫困人口还为数不少。地区发展不平衡，民主制度有待完善，在改革发展中确立起来的社会主义市场经济体制不成熟。中国解决所有问题的关键是靠自己的发展。中国要解决的问题千头万绪，但都离不开发展。维护世界和平，反对霸权主义，离不开发展；尽快提高人民的生活水平，离不开发展；解决国内各种问题，保持稳定局面，做到长治久安，离不开发展；发展社会主义民主，健全社会主义法制，加强精神文明建设，离不开发展；实现祖国统一，离不开发展。归根结底，发展才是硬道理。

三、"发展才是硬道理"战略思想的提出，是促进国民经济全面、协调与可持续发展的需要

要善于把握时机解决发展问题，经济发展要力争隔几年上一个台阶。现在世界发生大转折，就是个机遇，要抓住机会，加快发展。不抓住机会，时间一晃就过去了。当前，我国经济社会发展正处在关键时期，综合国力竞争日趋激烈，

外部环境越来越复杂多变。随着我国工业化、城镇化、信息化和农业现代化的步伐加快，深化改革将进一步触及深层次的矛盾和问题。例如，地区发展不平衡，经济社会发展不平衡，收入分配的差距不断拉大，人民群众的物质文化需要不断提高，需求日益多样化，社会利益关系更趋复杂，统筹兼顾各方面利益难度加大；人民群众的民主意识不断增强，政治参与的积极性不断提高，对发展社会主义民主政治和落实依法治国基本方略提出了新的要求，人们思想活动的独立性、选择性、多变性、差异性明显增强。

总之，当前是一个既有难得机遇又面临严峻挑战的时期。只有抓住机遇，迎接挑战，加快发展，才能实现我国经济社会又好又快发展。

邓小平提出的"发展才是硬道理"的理论，第一次比较系统并初步地回答了在中国这样一个经济、文化、教育比较落后的国家如何建设社会主义、如何巩固发展社会主义的一系列基本问题，提出了"一个中心，两个基本点"的社会主义初级阶段的基本路线，提出了我国在社会主义初级阶段发展社会生产力所要解决的历史课题。目前，发展仍是解决我国所有问题的关键。只有推动经济持续健康发展，才能筑牢国家繁荣富强、人民幸福安康、社会和谐稳定的物质基础。邓小平提出的"发展才是硬道理"，站在辩证唯物主义和历史唯物主义的高度，具有非常丰富、非常深刻的含义，是放之四海而皆准的真理。我们理应把它作为原则而坚持，把它作为旗帜而高举。

第二节　发展是党执政兴国的第一要务

我们党明确指出，必须把发展作为党执政兴国的第一要务，不断开创现代化建设的新局面。这就从中国共产党执政兴国的高度强调了发展的重大意义。这不仅是对我们党执政几十年经验的深刻总结，而且是对马克思主义执政党根本任务的高度概括，突出了发展在我们党执政兴国中的重要位置。

一、把发展作为党执政兴国的第一要务，是由我们党成为执政党并且长期执政的历史地位决定的

我们党作为执政党，必须致力于发展生产力，并在这个

基础上不断提高人民的生活水平，使国家不断强盛。因此，发展问题是党执政后必须认真解决好的一个重大问题。毛泽东曾经指出，我们不但善于破坏一个旧世界，我们还将善于建设一个新世界。中国一切政党的政策及其实践在中国人民中所表现的作用的好坏、大小，归根结底，看它对于中国人民的生产力的发展是否有帮助及其帮助之大小，看它是束缚生产力的，还是解放生产力的。邓小平也高度重视发展问题，他指出，正确的政治领导的成果，归根结底要表现在社会生产力的发展上，人民物质文化的改善上。如果在一个很长的历史时期内，社会主义国家生产力发展的速度比资本主义国家慢，还谈什么优越性？社会主义如果老是穷的，它站不住，社会主义就有失去物质基础的危险。因此，真正的马克思主义政党在取得政权、进行执政以后，都必须致力于发展生产力。

我国是世界上最大的发展中国家，生产力不发达，人口众多，人均资源不足。虽然改革开放后，我国的经济和社会发展取得了巨大的成就，但与世界先进国家相比，还存在很大差距。目前，我国的"三农"问题、就业问题、需求不足问题、贫富差距扩大、东西部差距日益扩大、生态环境等问题仍很突出，所有这些问题都需要通过发展才能有效地加以解决。

因此，我们党在中国这样一个经济文化落后的发展中大国领导人民进行现代化建设，必须始终紧紧抓住发展这个执政兴国的第一要务，不断发展生产力，只有这样才能保持党的先进性和发挥社会主义制度的优越性，从根本上满足人民的愿望，推进社会主义现代化建设不断前进。我们党才有了长期执政的重要基础和根本保证。

二、把发展作为党执政兴国的第一要务，是适应时代变化的必然要求

和平与发展已成为时代的主题，政治多极化和经济全球化的步伐日益加快。进入新世纪，国际局势正在发生深刻的变化。世界多极化和经济全球化的趋势在曲折中发展，科技进步日新月异，综合国力竞争日趋激烈。形势逼人，不进则退。只有抓紧机会发展，我国才能在国际事务中发挥更大的作用和影响力，也只有发展才能提高人民的生活水平。发

展是民族复兴的要求，也是人民利益和时代进步的要求。因此，必须牢牢把握住发展这一时代主题，把它作为执政兴国的第一要务，在发展中提升我国的国际地位。只有跟上时代潮流，在激烈的国际竞争中才能立于不败之地，因此，党要承担起推动中国社会进步的历史责任，必须始终紧紧抓住发展这个执政兴国的第一要务。只有发展，才能在经济全球化过程中占据较有利的地位，分享国际分工所带来的利益和好处，才能解决前进道路上存在的各种困难和问题，才能从根本上把握人民的愿望，在激烈的国际竞争中才能立于不败之地。

三、把发展作为党执政兴国的第一要务，是根据我国具体国情，实现现代化宏伟目标的需要

我国正处在并将长期处在社会主义初级阶段的基本国情，是我们党提出执政兴国第一要务的基本依据。经过改革开放三十多年的发展，我国经济社会发展取得了举世瞩目的成就，生产力水平有了很大提高，综合国力显著增强，人民生活状况有了很大改善。但也必须清醒地认识到，我国目前生产力水平总体上还比较低，经济社会发展不平衡，人民日

益增长的物质文化需要同落后的社会生产之间的矛盾仍然是我国社会的主要矛盾，实现经济、政治、文化和社会的现代化建设还有很长的路要走。

目前，振兴国民经济，实现全面建成小康社会的宏伟目标，增强我国的综合国力，实现中华民族的伟大复兴，坚持和完善社会主义制度，发展社会主义民主，健全社会主义法制，加强精神文明建设，提高全社会的文明程度，坚持"一国两制"方针，实现祖国的完全统一，都要坚持发展，我国解决一切问题的关键，都要靠自己的发展，发展才是硬道理。要用发展的眼光、发展的思路、发展的办法，解决前进中的各种困难和挑战。要把发展先进生产力、先进文化和维护与发展最广大人民的根本利益，作为社会主义的根本任务，作为我们党执政兴国的首要任务，坚持科学发展。

四、把发展作为党执政兴国的第一要务，是在总结我们党和其他执政党兴衰成败经验教训的基础上形成的

20世纪80年代末90年代初，国际共产主义运动连续遭

到重大挫折，苏联、东欧国家执政数十年的共产党相继失去政权。发生东欧剧变、苏联解体的原因是多方面的，但最为根本的主要是这些国家执政的共产党没有很好地解决发展问题，国家的经济建设没有搞上去，最终失去了群众的支持和拥护。马克思主义执政党必须高度重视解放和发展生产力，离开发展，坚持党的先进性、发挥社会主义制度的优越性和实现民富国强都无从谈起。

1840年鸦片战争之后，我国多次遭受外国列强的欺凌和掠夺，无数仁人志士为了实现中华民族的伟大复兴，进行了不屈不挠的斗争，但最后都以失败告终。中国共产党成立以后，把马克思主义普遍原理同中国革命的具体实际相结合，以实现民族独立、人民解放、国家富强、人民富裕为自己奋斗的目标，领导中国人民推翻了帝国主义、封建主义和官僚资本主义在中国的统治，建立了中华人民共和国，实现了民族独立、人民解放，为实现中华民族的伟大复兴创造了前提。1956年，社会主义改造完成之后，我们党开始探索把马克思主义普遍原理与中国的具体实际的第二次结合，探索适合中国国情的社会主义建设道路，虽然遇到严重挫折，但也取得了巨大成就。十一届三中全会之后，我们党把工作重心转移到经济建设上来，制定了"一个中心、两个基本点"的基本路线，经济社会发展取得了巨大成就。

回顾我们党执政的历史进程，改革开放之后，我国经济社会发展之所以取得了巨大成就，是因为我们党认真吸取了国际共产主义运动的历史教训，更加重视发展问题，把发展真正作为党执政兴国的第一要务。

只有发展，党的先进性和社会主义制度的优越性才能得到充分体现。解决当今中国的所有问题，必须依靠发展。只有抓住发展这个执政兴国的第一要务，我们党的执政地位才能不断加以巩固，强国富民的要求才能得到实现。要紧紧抓住发展这个执政兴国的第一要务，需要做好以下几个主要方面的工作：

（一）坚持以经济建设为中心，高度重视解放和发展生产力

坚持以经济建设为中心。解放、发展生产力，是推动经济社会发展的最终决定力量，是建设社会主义的根本因素。目前，我国正处于社会主义初级阶段，生产力的发展程度还

远远落后于发达国家，人民群众日益增长的物质文化需要同落后的社会生产之间的矛盾仍然是社会的主要矛盾。在现阶段，只有坚持以经济建设为中心，把解放、发展生产力放在首要位置，社会中的各种矛盾才能得到解决，才能真正把发展摆上党执政兴国的首要位置，才能不断巩固和发展社会主义制度。要敏锐地把握我国社会生产力的发展趋势和方向，坚持以经济建设为中心，不断制定和实施各项正确的路线方针政策，采取切实的工作步骤，不断促进先进生产力的发展。

（二）坚持改革开放

改革开放是发展的强大动力，这是我们建设中国特色社会主义的经验总结。我们党在执政兴国的实践中，必须准确把握时代发展的脉搏，不断改革生产关系和上层建筑中不适应生产力发展的部分，以促进生产力发展。要坚定不移地推进改革，通过建立和完善社会主义市场经济体制，进行政治体制和其他方面的改革，实现体制方面的创新。改革影响生产力发展的体制性障碍，为经济社会发展提供强大动力。因此，执政的中国共产党，必须加强党的执政能力建设，着力提高党的领导水平和执政水平，加强拒腐防变能力。

在改革力度加大、层次深入的同时，还要不断提高对外开放的水平。积极参与国际经济技术的合作和竞争，不断吸收国外先进的管理方法和先进的技术，通过改革开放，为经济发展不断注入新的活力。

（三）不断加快科技进步和创新

科学技术是先进生产力的集中体现和主要标志，必须充分发挥科学技术是第一生产力的作用。鼓励科技创新，增强自主研发能力，提高创新的能力。要以体制创新带动科技创新，加速科技成果向现实生产力的转化。通过创新，突破影响生产力发展的体制性障碍，为经济社会发展提供强大动力，同时，重视发展教育，教育是发展科学技术和培养人才的基础。要充分发挥教育在我国现代化建设中的先导性和全局性作用，深化教育体制改革，优化教育结构，合理配置教育资源，为建设中国特色社会主义事业培养更多高素质的劳动者、专业技术人才和一大批拔尖创新人才。总之，要把发展科技、教育放在突出位置，进一步实施科教兴国战略，振兴科技，培养人才，为发展提供强有力的智力和人才支撑。

（四）坚持协调发展和全面进步

发展作为党执政兴国的第一要务，不仅要发展经济，而且要坚持把经济发展和社会发展结合起来。要大力发展社会主义民主政治，建设社会主义政治文明。在发展社会主义经济、政治的同时，加强社会主义精神文明建设，大力发展面向现代化、面向世界、面向未来的，民族的、科学的、大众的社会主义文化。加强社会主义精神文明建设，不断丰富人们的精神世界，不断增强人们的精神力量。同时，加强社会保障建设，为经济的快速发展起到保驾护航作用。要处理好改革、发展和稳定的关系，促进各项事业协调发展，确保实现社会的稳定。

（五）走可持续发展道路

可持续发展要求实现人与自然的和谐发展。环境是人类生存的条件，资源是人类的宝贵财富。在汲取发达国家在经济社会发展中的教训和总结我国几十年发展经验的基础上，我国提出要走可持续发展道路，实施人口、资源和环境协调发展，保证经济、社会、环境的协调发展，推动整个社会走上生产发展、生活富裕、生态良好的文明发展道路。

（六）坚持依靠人民群众，集中全国人民的智慧和力量，一心一意谋发展

人民群众是历史的创造者，人民是推动历史前进的动力。发展是向前进步的历史，发展是更好地为人民服务，发展也必须相信和依靠人民。人民群众是物质财富的创造者，人类赖以发展的基础是物质资料的生产，发展首先要增加物质资料的生产，所以发展必须依靠人民；人民群众是精神财富的创造者，人民在社会实践中创造了一切文学艺术，发展也是精神生活的提升，所以发展依靠人民；人民群众是社会变革的决定力量，人民群众在创造社会财富的同时，也创造并改造着社会关系，社会关系的变革也推动着社会的发展，所以发展依靠人民。

最大多数人的利益，对党和国家事业的发展始终最具有决定性的作用。把发展作为党执政兴国的第一要务，归根结底是为了维护和实现好最广大人民的根本利益，不断发展生产力，不断提高人民群众的生活水平，不断增强我国的综合国力，因此，要一心一意搞建设，及时妥善处理好各方面的利益关系，充分调动大家的积极性、主动性和创造性，并把

消极因素转化为积极因素，更加充分地调动一切积极因素，凝聚全部力量。要坚持从群众中来、到群众中去的群众路线，努力营造良好的学习和工作环境，充分发挥人民群众的聪明才智，创造更加丰富多彩的物质财富和精神文化生活，以造福于人民，造福社会，保证人民群众的生活更加宽裕，社会更加和谐稳定。

总之，只有发展，才能坚持党的先进性、发挥社会主义制度的优越性和实现民富国强。在中国这样一个大国，能不能解决好发展问题，直接关系到人心向背、事业兴衰，要坚持用发展的办法解决前进中的问题，始终坚持发展是党执政兴国的第一要务。

第三节　社会主义的根本任务是发展生产力

新中国成立后，毛泽东多次强调社会主义社会的根本任务是发展生产力。毛泽东曾经提出，我国社会主义制度建立以后，群众性大规模的阶级斗争已经过去，我们的任务是搞文化革命、技术革命，向自然界开战。党的八大在分析了社会主义社会的主要矛盾后指出，全国人民的主要任务是以经济建设为中心，集中力量发展社会生产力，逐步满足人民日益增长的物质和文化需要。但是后来由于党的指导思想上"左"倾错误的影响，这一思想未能得到坚持。改革开放以来，邓小平在总结历史经验的基础上继续强调了发展社会生产力的重要性。1992年他提出了"发展才是硬道理"的著名论断。

一、社会主义的根本任务是发展生产力，揭示了社会主义的本质和社会主义的发展规律，丰富和发展了马克思列宁主义关于社会主义的理论

发展生产力是马克思主义的一个基本思想，是实现共产主义的物质基础。唯物史观认为，物质生产力是人类社会发展的最终决定力量和最根本的推动力。生产力的发展，是人类社会得以生存发展的基础和决定性因素，是马克思揭示人类社会历史发展规律的一条红线，是构建马克思主义理论大厦的基石。马克思认为人们用以生产自己必需的生活资料的方式即生产方式，表现为现实的生产力。社会生产方式和生产

力的发展具有不以人的意志为转移的客观必然性，决定了人类社会的发展是一个自然历史过程。人类的历史随着人们的生产力以及人们的社会关系的愈益发展而愈益成为人类的历史。

生产力的发展是人类社会进步的决定性因素，正是由于生产力的不断发展，我们才从愚昧走向文明，从原始社会走到今天。社会主义社会以前的社会历史类型都在不同程度上发展了生产力，在社会历史类型更替的革命活动中解放了生产力，在古今中外著名政治家的改革中促进了生产力，在王朝兴衰更替的过程中调整了生产力。但是不难看出以上的"解放和发展生产力"是自发地解放生产力，而不是自觉地解放生产力。

上述的解放生产力或者是为了缓和阶级矛盾，为了稳固统治而迫不得已调整生产关系和上层建筑，"革命"成为历史前进的火车头。旧制度所代表的社会类型之下，人们不知道社会未来的发展趋势是什么，如漫长的中国封建社会中人们的认识是：社会循环地更替兴衰，是循环论。资本主义社会的主流思想家认为资本主义社会是终极的完美社会，违反了辩证法。当然也不知道实现人类理想追求的道路怎么走，古今中外的历史上乌托邦都不稀罕，如空想社会主义者，他们之所以被称为乌托邦是因为不了解实现人类理想追求的道路怎么走。不能把握社会发展基本规律的情况下，生产力的发展都是自发的。只有在马克思主义唯物史观的指导下才能认清方向，把握规律，找到道路。只有在认清人类前进方向、把握人类社会历史发展规律、找到了实现美好社会道路的情况下才能从自发走向自觉。

社会主义制度就是在马克思主义唯物史观的指导下建立起来的，在解放生产力方面是自觉地解放生产力，因为社会主义制度下的人们知道最终的奋斗目标是实现共产主义，是实现人的自由而全面的发展。实现这个奋斗目标的手段是建立社会主义制度，解放和发展生产力，当然是主动地、自上而下地解放生产力。因而社会主义制度的优越性就在于自觉地解放和发展生产力。生产力的发展，是人类社会发展和历史进步的源泉。马克思从社会生产力的发展中，最先说明了社会主义的产生是生产力发展的结果，社会主义从一个阶段到另一个阶段的推进，以至于共产主义的实现，都离不开生产力的发展。

二、发展生产力是发挥社会主义制度优越性的需要，是巩固社会主义制度的需要

社会主义建立在高度发达的生产力基础之上，社会主义社会生产力的不断发展，是人类最终求得彻底解放的根本途径。一种社会制度是否先进和具有优越性，从根本上说，就是看其能否促进生产力的发展。迅速发展生产力，不断提高人民的物质文化生活水平，既是社会主义本质的内在要求，也是社会主义制度优越性的具体体现。只有创造出比资本主义更高的社会生产力，社会主义制度才能从根本上得到巩固。邓小平指出："社会主义的优越性，归根到底是要大幅度发展社会生产力，逐步改善、提高人民的物质生活和精神生活。"只有生产力发展了，才能提高人民的生活水平，实现社会安定，为社会主义民主政治建设、精神文明建设及和谐社会建设创造物质条件，从根本上巩固社会主义制度。

只有中国社会主义的发展，才能使不相信社会主义的人逐步相信社会主义，使相信社会主义的人进一步坚信社会主义。邓小平说社会主义的优越性归根到底要体现在它的生

产力高度发展上，比资本主义发展得更快一些、更高一些，并且在发展生产力的基础上不断改善人民的物质文化生活。他还说："现在虽说我们也在搞社会主义，但事实上不够格。"他说的"不够格"，就是我们社会主义的生产力还不发达，还没有体现出社会主义的优越性。"只有到了下世纪中叶，达到了中等发达国家的水平，才能说真的搞了社会主义，才能理直气壮地说社会主义优于资本主义。"搞社会主义要大力发展生产力，才能体现出社会主义的优越性。

三、发展生产力是社会主义本质的内在要求

不断发展生产力，创造出比资本主义更高的劳动生产率，是社会主义发展的必然要求。因为这样才能逐步提高人民的物质文化生活水平，最终实现共同富裕的目标。诚然，任何一种社会制度的存在和发展都需要发展生产力，这是人类社会发展的一般规律。但是，在不同的社会制度下，发展生产力又有其特殊性。社会主义是在公有制为主体的经济基础上来解放和发展生产力的，目的是为了满足人民日益增长的物质文化生活需要，逐步消除两极分化，最终达到共同

富裕。邓小平强调社会主义和资本主义的根本区别是共同富裕。他说："社会主义最大的优越性就是共同富裕，这是体现社会主义本质的一个东西。"把共同富裕作为社会主义本质内容，反映了人民的利益和要求，体现了人类社会的进步和文明。然而要实现共同富裕，就要求社会物质产品极大丰富，而要社会物质产品极大丰富归根到底是发展生产力。

发展生产力和实现共同富裕是社会主义的本质，是邓小平关于社会主义理论的核心内容，它正确说明了什么是社会主义，为社会主义建设指明了方向。

过去在社会主义建设中，我们不顾生产力发展水平，急于变革生产关系，搞缺乏物质基础的"穷过渡"，盲目追求"一大二公"。结果"一大二公"的生产关系不但没有促进生产力的发展，反而阻碍生产力的发展，使经济发展缓慢，人民生活得不到理想的改善，社会主义的优越性体现得太少。邓小平把发展生产力作为社会主义的本质，突破了对社会主义本质的传统理解。当然他并不是不重视社会主义的公有制和按劳分配的原则，他反复强调坚持公有制为主体、按劳分配为主体不能动摇，但指出坚持这两个原则是为了更好地解放生产力，发展生产力，是实现社会主义和共产主义的手段。这是对社会主义的生产力和生产关系的科学的解释，使得社会主义根本任务是发展生产力的命题建立在科学的理论基础上，成为科学的社会主义。

四、发展生产力为实现共产主义奠定物质基础

马克思在最初创立科学社会主义理论时，社会主义和共产主义所指的是同一个社会，但是在具体的社会主义实践中，社会主义是向共产主义过渡的中间形式。在实践中，社会主义阶段必须大力发展先进生产力和提高自身物质生产能力，从而为向共产主义过渡准备必要的条件。在社会主义建设实践中，一些国家因为生产力水平不高而遭遇到挫折，相反，一些发达资本主义国家因为生产力高度发达，却很像我们社会主义曾经追求的目标。但是，资本主义社会所追求的价值观念和社会主义不一样，不能因为它的生产力发达而忘记了它的本质，但是在发展生产力方面的经验值得社会主义国家借鉴。

与马克思所设想的路径相反，社会主义制度首先在经济社会比较落后的国家确立。在已经建立的社会主义国家中，出现了落后的生产力和先进的生产关系之间的矛盾。在社会

主义国家中出现的只追求生产关系"一大二公"和盲目向共产主义过渡的现象，违背了马克思主义最基本的原理，那就是忘记了生产关系应适应生产力发展的规律。

我国还处在社会主义初级阶段，为了实现共产主义目标，首先必须大力发展生产力，提高物质生产能力。中国共产党始终代表中国先进生产力的发展要求，必须大力推进科技进步和创新，发展先进生产力。先进生产力是用先进科学技术武装起来的生产力。当今世界科学技术迅猛发展，未来的科学技术发展还将产生新的重大飞跃。只有发展先进生产力，才能推动人类经济和社会突飞猛进发展。改革开放三十多年来，我国综合国力大幅度提升，人民生活水平得到很大改善，我国的国际影响力显著增强。这些历史性成就充分证明，只有大力发展生产力，才能早日实现国家富裕、人民幸福。

第四节　中国共产党代表中国
先进生产力的发展要求

开创中国特色社会主义事业新局面，必须高举邓小平理论伟大旗帜，坚持贯彻"三个代表"重要思想，坚持科学发展观。中国共产党要始终代表中国先进社会生产力的发展要求，是江泽民"三个代表"思想的一个重要内容。江泽民在庆祝中国共产党成立80周年大会上的讲话中指出："我们党要始终代表中国先进生产力的发展要求，就是党的理论、路线、纲领、方针、政策和各项工作，必须努力符合生产力发展的规律，体现不断推动社会生产力的解放和发展的要求，尤其要体现推动先进生产力发展的要求，通过发展生产力不断提高人民群众的生活水平。"认真学习、深刻理解并在实践中自觉贯彻党要始终代表中国先进生产力的发展要求这一重要思想，是在新世纪新阶段推进中国特色社会主义伟大事业不断前进的重要基础和前提。

一、反映了党遵从人类社会发展基本规律的要求

（一）这是中国共产党要始终走在发展先进生产力前列的要求

生产力是由劳动者、劳动资料、劳动对象三者构成的，

其中包括资本和科学技术知识等要素。使用这些生产要素生产的条件不同，形成不同的生产力水平。所谓先进生产力就是这些生产要素的最优组合，即达到资源的优化配置，通过最优组合使生产力的各种要素都能充分地发挥作用。决定社会生产力先进的条件是：一方面，如果一国的生产力各种要素达到了最优的组合，实现了本国社会经济资源的优化配置，一国的生产潜力就能有效地发挥出来，一个国家的生产力水平就能先进。另一方面，如果各种生产要素的科学技术和知识水平含量在世界经济发展之中处于领先地位，科学技术和知识的含量在生产力总体水平的发展之中占据主导地位，一国的社会生产力就能先进。人类社会的发展，就是先进社会生产力的发展不断取代落后社会生产力的发展的历史进程，而且这种取代落后生产力的进程愈来愈快。哪个国家、哪个民族掌握了先进的社会生产力，哪个国家和民族就能够在世界上处于优势地位。

马克思主义生产力理论是马克思主义全部理论的基础。这一理论以物质资料的生产是人类最基本的实践活动这一命题为出发点，认为生产力的发展是人类社会发展的最终决定力量，社会的一切变革都根源于生产力和生产关系的矛盾运动。有什么样的生产力，就会形成什么样的生产关系，最终就会建立起什么样的社会。

但是，不同形态、性质和水平的生产力，其所发挥的作用是不一样的。先进的生产力，推动和促进社会的变革和进步；落后的生产力，阻碍和破坏社会的变革和进步。而落后的生产力又是不会自动退出历史舞台的。正如江泽民所指出的："人类社会的发展，就是先进生产力不断取代落后生产力的历史进程。"人类从原始社会、奴隶社会、封建社会、资本主义社会到社会主义社会的过渡，社会形态由低级到高级的推进，从根本上说都是社会生产力不断发展进步的结果，是不同历史时期代表当时先进社会生产力的阶级或政治集团在推动历史进步过程中充分发挥了作用的结果。

资本主义社会代替封建社会是因为资产阶级所代表的机械化大生产比封建地主阶级所代表的小农经济先进，在当时的历史条件下代表了先进生产力的发展要求。社会主义之所以必然要最终取代资本主义，正是在于资本主义社会生产资料私人占有与社会化大生产之间的矛盾，终将阻碍生产力的发展，要进一步解放和发展生产力，就必须打破旧的生产关系，建立新的生产关系，适应先进生产力的发展。因此，在人类历史的发展中，哪个阶级、哪个政党或政治组织代表了当时社会生产力发展水平和要求，它就能顺应历史发展的方向，掌握领导和推动社会变革进步的主动权。

我们党作为一个马克思主义政党，一定要自觉代表社会先进生产力的发展要求，我们必须站在时代的前列，通过不断创新，在实践中推动我国先进生产力的发展。唯有如此，才能充分体现共产党人的先进性和时代精神，正确解决在不同历史条件下解放和发展社会生产力的不同问题。

（二）这是我们党始终走在时代的前列、永葆先进性的根本体现

在人类历史的发展中，哪个阶级、哪个政党或政治组织代表了当时先进社会生产力的发展要求，它就能顺应历史发展的方向和趋势，掌握领导和推动社会变革进步的主动权，推动社会生产力不断向前发展。

中国共产党的历史地位和作用，始终是与党的先进性联系在一起的。党的先进性虽然体现在很多方面，但最根本的

方面体现在始终代表先进生产力的发展要求。由先进生产力的性质决定，共产党人的全部活动一定要自觉代表社会先进生产力的发展要求。

第一，共产党人的一切活动，都必须服从生产关系一定要适应生产力发展要求这一历史发展的客观规律，一定要尽最大努力推动和促进生产力更加迅速地发展，要通过革命或改革的手段摆脱束缚生产力发展的旧的生产关系。

第二，生产力能推动社会由低级形态向高级形态发展，社会主义制度比资本主义制度更优越的地方表现在，它更有利于生产力的发展。社会主义制度的巩固，也离不开生产力水平的不断提高。因此，共产党人要把建设社会主义、最终实现共产主义作为自己的远大理想。

第三，共产党作为工人阶级的先锋队，其组织的构成成分及其先进性，也是由生产力决定的。工人阶级是先进生产力的代表，工人阶级的成长壮大以及它的基本特点，都是由生产力的先进性质所决定的。

第四，共产党人制定的各项政策是否正确，归根结底也由生产力标准来衡量。毛泽东早在民主革命时期就指出：

"中国一切政党的政策及其实践在中国人民中所表现的作用的好坏、大小，归根到底，看它对于中国人民的生产力的发展是帮助及帮助之大小，看它是束缚生产力的，还是解放生产力的。"

总之，共产党人的历史命运，自始至终与生产力的发展要求和方向密切相连。党只有代表先进生产力的发展要求，与时代进步的方向相一致，才能对历史的发展起积极的推动作用，才能得到最广大人民群众的拥护。

我们衡量和判断一个政党是否先进，关键在于要看这个政党在推动社会生产力发展中的作用。在以毛泽东为核心的第一代中央领导集体的领导下，我们党坚持代表中国先进生产力的发展要求，把马克思主义基本原理与中国革命具体实际相结合，取得了民主革命的伟大胜利。

党的十一届三中全会以后，以邓小平为核心的第二代中央领导集体，通过改革，不断调整和变革不适应生产力发展的生产关系，极大地促进了我国生产力的迅速发展。特别是邓小平提出了把"是否有利于发展社会主义社会的生产力，是否有利于增强社会主义国家的综合国力，是否有利于提高人民的生活水平"作为衡量党的一切工作的根本标准，从而使我国的社会主义现代化建设取得了巨大成就。

以江泽民为核心的第三代中央领导集体，不仅把党要始终代表中国先进生产力的发展要求摆在首要位置，而且还把是否符合先进生产力的发展要求作为体现共产党人先进性和时代精神的重要标准，从理论上进一步阐明了发展社会生产力同党的性质、宗旨之间的关系，从而极大地推进了马克思主义党建理论的新发展。

由此可见，中国共产党成立九十多年来，之所以取得了一系列社会主义革命和建设的巨大成就，之所以得到人民的拥护和支持，一个根本的原因，就是因为中国共产党建党九十多年所做的一切努力和奋斗，归根到底都是为了解放和发展社会生产力，为了民族复兴，人民幸福。

（三）这是我们党九十多年逐步走向成熟的经验总结

贯穿于党的全部理论和实践的一条主线，就是党始终代表着中国先进社会生产力的发展要求，无论遇到何种艰难险阻，都坚定不移地为生产力的解放和发展开辟道路。这是我们党始终具有强大的生命力、凝聚力和战斗力，始终赢得人民拥护的根本原因。始终代表先进社会生产力的发展要求是完成党的历史使命的关键，这也是被我们党建党九十多年经验证明的正确选择。

中国共产党作为工人阶级的先锋队，从建立时起就是以中国先进生产力的代表的身份走上历史舞台的。在新民主主义革命时期，中国共产党以马克思主义为武器，制定了正确的反对帝国主义、封建主义和官僚资本主义的新民主主义的总路线，把争取民族独立和人民解放、国家富强和人民富裕作为党奋斗的主要目标。由于我们党代表了当时中国先进生产力的发展要求，得到了广大人民的拥护，经过艰苦卓绝的英勇奋斗，终于推翻了帝国主义、封建主义、官僚资本主义的统治，建立了中华人民共和国，从而为解放和发展生产力奠定了基础。新中国成立后，尤其在1956年之后，我们党开始探索把马克思主义基本原理与中国具体实际进行第二次结合，对如何建设社会主义的问题进行了艰辛的探索，提出了一系列有开拓性的思想、方针和政策，虽然遇到一些挫折，但也取得了巨大成就。

改革开放后，党把工作重心转移到以经济建设为中心上来，不断改革不适应生产力发展要求的生产关系，不断地推进政治体制改革、经济体制改革和其他方面的改革，极大地解放和发展了我国的社会生产力，推动了我国经济发展和社会进步。我国的综合国力得到显著提高，党的先进性和社会主义制度的优越性得到了进一步的发挥。社会主义的根本任务就是发展生产力，增强社会主义国家的综合国力，使人民生活日益改善。在社会主义社会各个历史阶段，都需要根据经济社会发展的要求，适时地通过不断改革生产关系和上层建筑，不断地发展生产力，推进社会主义制度的自我完善，这样才能够使社会主义制度充满生机和活力。

我国目前还处于社会主义初级阶段，即不发达的阶段，从根本上表现为生产力不发达。社会生产力的发展与人民群众日益增长的物质文化需要之间的矛盾，仍然是目前的主要矛盾。社会生产力水平相对落后，社会中仍然存在大量的由于经济、文化落后引发的各种矛盾和问题，制约着我国的经济发展和社会进步。特别是在当代社会，随着科学技术的发展和经济全球化进程的加快，国际间的联系更加紧密，竞争也更加激烈，在这样的形势下，中国社会生产力总体水平同国际先进生产力水平之间还存在很大的差距，综合国力不占优势。要使国家的经济、政治实力不断增强，在国际经济和政治斗争中能够处于有利的地位并发挥自己应有的作用，最重要的就是要大力发展社会生产力，提高综合国力。实现这一目标，必须不断满足代表中国先进社会生产力发展的要求，充分发挥中国社会内部先进社会生产力的带动作用，促进整个国民经济更快发展，社会更加稳定、和谐，这是巩固社会主义制度的需要，是社会主义不断发展的必然要求。

为此，邓小平为我们设计了三步走的战略步骤：20世纪80年代，人均国民生产总值比1980年翻一番，达到500美元，解决温饱问题；到2000年，再翻一番，达到1000美元，进入小康社会；到2050年，再翻两番，达到中等发达国家水平，基本实现社会主义现代化。为了顺利完成第三步战略目标，党的十五大提出了一个新的三步走的战略步骤：新世纪第一个十年，实现国民生产总值比2000年翻一番，使人民的小康生活更加宽裕，形成比较完善的社会主义市场经济体制；再经过十年的努力，到建党一百年时，使国民经济更快发展，各项制度更加完善；到本世纪中叶建国一百年时，基本实现现代化，建成富强、民主、文明的社会主义国家。十六大又提出了全面建设小康社会的奋斗目标，我们下一步的目标是现代经济、政治、文化和社会的现代化。

这些目标的实现，是我们党代表先进社会生产力的成功，是实现中华民族伟大复兴的重要步骤。

中国共产党领导人民革命和社会主义建设的历史表明，中国共产党之所以能够由小变大、由弱变强，根本原因是因为中国共产党从诞生之日起就紧紧地与先进生产力相联系，与代表这种先进生产力的工人阶级相联系，并且日益成为工人阶级的先锋队组织，进而团结各族人民不断地为解放生产力和发展生产力而努力奋斗。我们党要永远保持先进性质和生命活力，就要紧紧把握时代脉搏，始终走在时代的前列，必须始终代表先进社会生产力的发展要求。

二、代表中国先进社会生产力发展要求的科学内涵

（一）当代中国先进社会生产力的内涵

第一，当代中国先进社会生产力的基本特征。根据中国

社会主义初级阶段国情和当今时代特征，我们认为，当代中国先进生产力有如下一些特征：生产力中的科学技术含量愈来愈高，这是先进生产力的突出标志，科学技术进步对经济增长的作用越来越大。在生产资料中尤其是劳动工具，愈是先进的劳动工具，它的科学技术含量也愈高；劳动者的素质高低，主要取决于他们的科学技术水平，取决于他们的知识和能力。劳动者与生产资料的技术性结合，在很大程度上主要取决于管理的科学技术水平，取决于劳动者与生产资料的结合方式是否科学合理。

第二，生产的社会化和市场化程度不断加深。社会化是指生产者和生产组织从小农经济那种孤立、封闭的状态，走向专业分工不断深化、社会协作日益广泛和紧密的过程和趋势，社会化程度越高，劳动生产率和经济效益越高。在小生产的条件下，劳动者从事着多种生产劳动，不利于提高生产效率。只有实行比较细化的专业分工，使劳动者相对固定地专门从事某一种劳动，劳动者的技能才能够达到精益求精，加快提高劳动生产率。而且人们互相间通过发展社会协作，就能更充分地满足彼此的需要。生产的社会化，使物质财富不断被创造，使社会从落后的小农经济向工业化、市场化、现代化转变。

市场化则是指从自给自足的自然经济状态向市场在经济资源配置中起基础性作用的状态转变。市场化主要通过市场来实现生产、流通、交换、消费的循环，市场化是生产社会化的必然要求。由于生产社会化的发展，生产者通常只生产某几种甚至某一种产品，这些产品基本都是为他人生产的，而生产者自身的需要又要靠他人的产品来满足，这样，就使产品的交换成为必然。这种交换尽管在一个较小的范围内，可以通过有组织的计划形式得以实现，但就整个社会来看，至少在相当长的时期内，任何一个中心都不可能科学地计算和合理地安排由千百万种变量所构成的生产供给和社会需求，只有通过市场实现这种交换，才是交易成本更低、更经济合理的办法。

社会化和市场化相辅相成，只是前者侧重于生产者和企业社会联系的发展和扩大，后者则侧重于产品生产和交换的社会化。社会化要求不断推动市场化，而市场化通过竞争机制，保留最好的生产者，淘汰落后生产者，从而促进社会化不断深化。

第三，实现工业化和信息化。我国的现代化不仅包括工业化（机械化、城镇化），而且还包括信息化（自动化、信息技术普及化）。

总之，当代中国先进社会生产力是指生产力的要素水平比较高（其中劳动资料特别是劳动工具比较先进，劳动者的综合素质特别是科学技术素质和实际劳动技能水平较高，劳动者和劳动资料、劳动对象的结合方式也较为科学、合理），劳动生产率比较高，具有社会化和市场化特征的，适应工业化和信息化要求的，在复杂的多层次的生产力系统中具有导向作用和推动作用的，当代中国先进社会生产力的主体。是指能够掌握和运用先进科学技术、为中国社会生产力发展贡献力量的人们，包括技术工人、企业管理者、知识分子，也包括掌握和运用先进技术的农民。

（二）中国先进社会生产力的发展要求——不断改革和完善我国社会主义的生产关系和上层建筑

先进生产力的发展是同生产关系、上层建筑的不断完善密切地联系在一起的。党要始终代表中国先进生产力的发展要求，就要使生产关系和上层建筑的各个方面不断体现先进生产力的发展要求。先进社会生产力的要求，主要是要求生产关系和上层建筑适应生产力的发展、促进生产力的发展。

先进社会生产力对生产关系的要求，大致包括两个方面。一方面，要求社会经济制度和体制优化而合理。由于生产力不断社会化，所以社会生产关系特别是所有制结构也要不断社会化，使社会共同占有生产资料。为了使社会共同占有的资产能够得到有效利用，所有权也应社会化，即对所有权实行一定的分解和制衡，使生产经营效果同所有者及其代理者个人利益密切联系起来，并允许资产的自由流动重组。另一方面，要求社会经济制度和体制具有利益公平性。公平是一个历史的范畴。在社会生产力尚不发达、物质财富并不非常丰富的现阶段，利益公平的主要内容就是社会对人们利益的满足能够与他们对生产的贡献成正比地增长，即贡献与收入挂钩。发挥激励的作用，有利于促进经济发展和人们利益的提高。与此同时，随着生产的发展，低收入者的基本生活水平也应不断改善。

先进社会生产力对上层建筑的要求，也包括两个方面。

一方面，它要求政治制度及其体制民主化、法制化、科学化。社会生活是由众多社会成员共同支撑的，不同的人们都对社会做出了不同的贡献，人们在经济领域日益成为平等的主体，因此，他们也要求得到相应的政治权利，要求社会政治民主化。随着人们自主性和选择性的不断增强，人们的行为日益趋向多样化，这不仅促进了社会进步，也使得人们彼此之间发生矛盾甚至冲突的可能性增大。为了保证社会生活正常运行，需要制定一系列共同的行为规则，其中最重要的就是法律，并要求人们普遍遵守，即建立法制化社会。此外，政治作为一种社会控制或管理机制，它本身也有一个成本和效率问题，社会越向前发展，越要求政治生活科学化。另一方面，它要求社会意识形态走向民主化、科学化、文明化、开放化，与社会生产和社会政治的发展相适应，并且是它们的精神动力、智力支持和思想道德保证。

我们党领导人民推翻旧制度，建立新制度，在新的社会制度下不断改革，都是为了改革旧的生产关系和上层建筑，建立新的生产关系和上层建筑，促进生产力发展。改革开放以来，在分配领域，逐步实现按劳分配和按生产要素分配相结合的分配制度；在所有制领域，逐步实现以公有制为主体、多种所有制经济共同发展的所有制结构；在经济体制领域，实现由计划经济向市场经济转变；在政治领域，建设社会主义民主政治，健全社会主义法制，依法治国，努力建设社会主义法治国家。所要解决的就是不断满足中国先进社会生产力的发展要求。

（三）我们党代表先进社会生产力的发展要求——制定和执行正确的路线、方针、政策

我们党是一个马克思主义的执政党，要按照先进社会生产力发展的要求，领导人民进行革命和建设，必须在马克思主义理论指导下，制定正确的路线、方针、政策。

第一，必须加强思想教育，努力提高领导干部的思想政治素质。这就要求我们各级领导不断加强理论学习，不断学习马克思主义理论、邓小平理论、"三个代表"和科学发展观等重要思想。

第二，科学判断形势，准确把握形势，是我们制定和执行正确的路线、方针、政策的基本依据。用马克思主义的世界观和方法论去判断形势，去观察和审视问题，及时把握时代发展的新特点和新趋势。

第三，注重调查研究。深入开展调查研究，领导干部可以了解实际情况，听取群众意见，密切党群关系，及时发现和解决问题，提高各项工作的预见性、针对性和实效性，是我们党制定和实施正确路线、方针、政策的重要前提。

第四，把握经济发展规律，提高驾驭市场经济的能力。

第五，要善于创造性开展工作，增强总揽全局的能力。一方面，要全面认真地贯彻中央的路线、方针、政策，又要清醒地认识本地区部门的发展基础、优势条件、制约因素等，切合实际，制定切实可行的发展对策和措施。同时，还要正确处理好当前与长远、局部与全局的关系。当前，我国进入了加速实施现代化建设的第三步战略目标、全面建成小康社会的新时期。我们要坚持以马克思主义理论、邓小平理论、"三个代表"和科学发展观等重要思想为指导，不断用马克思主义的世界观和方法论去判断形势，科学地、实事求是地、创造性地制定和执行正确的路线、方针、政策。

（四）充分发挥人民群众的创造作用

人民群众是历史的创造者，不断提高工人、农民、知识分子和其他劳动群众以及全体人民的思想道德素质和科学文化素质，不断提高他们的劳动技能和创造才能，充分发挥他们的积极性、主动性、创造性，是发展我国先进生产力最基本的途径。

马克思主义经典作家曾经指出："历史活动是群众的事业，随着历史活动的深入，必将是群众队伍的扩大。"毛泽东也说过："人民，只有人民，才是创造世界历史的动力。"邓小平也认为"党的领导工作能否保持正确，决定于它能否采取从群众中来、到群众中去的方法"、"办什么事也得走群众路线"。

中国共产党历代领导人都十分重视依靠群众，全心全意为人民服务，发挥人民的主体作用。新中国成立及社会主义制度的确立，使得人民群众真正成为国家的主人和社会的主体。中国革命和建设的实践经验表明，紧紧依靠人民群众，诚心诚意为人民谋利益，始终保持同人民群众的血肉联系，是党战胜各种困难和风险、不断取得事业成功的根本保证。重视人民群众的利益，强调人民的主体作用，是中国共产党各项事业能够不断取得胜利的法宝。

在新的历史时期，我们更应认识到，人民群众是改革开放事业的主体。改革开放的目的是解放和发展生产力，更好地满足人民群众日益增长的物质文化需求。只有充分发挥人民群众的积极作用，才能有效地调动他们的积极性和创造性，推动生产力的大发展，社会主义建设才能欣欣向荣。要认识到，中国共产党领导下的改革开放事业，只有获得人民群众的广泛支持和参与，才能获得深厚的群众基础。只有发挥人民群众的主体作用，才能形成推动科学发展的强大合力。因此，只有发挥人民群众的主观能动性和伟大创造精神，伟大的社会主义事业才会焕发勃勃生机。

在新形势下，充分发挥人民群众的创造作用，必须保证人民当家做主权力的实现。要完善人民代表大会制度，保证人民充分行使自己的民主权利，依照自己的意愿选出代表；要畅通建言渠道，保证人民群众的意见及时、准确地反映上来；发挥好人大代表的桥梁作用，发挥人大代表反映民情、集中民智、发挥民力的作用，使人大工作和各项决策更加符合人民群众的愿望。人大代表要了解当地群众向人大代表反映的意见，充分发挥人大代表在密切联系人民群众、真切反映人民意愿方面的作用。

充分发挥人民群众的创造作用，关键要把维护和实现群众利益作为各项工作的出发点和归宿。毛泽东曾经告诫我们："一切空话都是无用的，必须给人民以看得见的物质利益。"只有让群众从现实生活中感受到党和政府是为人民着想、替人民办事的，才能够给群众信心，使群众受到鼓舞。各级政府在制定各项路线、方针、政策、重大决策时，应注意把群众的利益放在首位，坚持人民的利益高于一切。各级党组织要坚持问政于民、问需于民、问计于民，广泛吸收群众参与各项社会活动，虚心听取群众意见，关心群众的切身利益，认真、妥善、及时解决发展中存在的问题。

第五节　科学技术是第一生产力

科学技术的突飞猛进极大地推动了人类社会的发展，科学技术不仅是第一生产力，而且是先进生产力的集中体现和主要标志。邓小平提出"科学技术是第一生产力"的论断，为我国经济和社会的快速发展提供了强大推动力。

一、"科学技术是生产力"是马克思主义的基本原理

马克思、恩格斯关于科学技术是生产力的思想内涵十分丰富，主要包括：第一，科学是生产力中的一个重要因素。在《政治经济学批判》中，马克思第一次明确提出了"生产力中也包括科学"的著名论断。第二，科学作为一种特殊的社会生产力，把科学技术物化为新的劳动工具和新的劳动对象，通过提高工具性能和劳动者的素质，促进生产力发展。第三，科学技术推动生产力发展。马克思说："劳动生产力是随着科学和技术的不断进步而不断发展的。"第四，科学技术促进了生产关系和上层建筑领域的发展。

二、"科学技术是第一生产力"的思想内涵

1988年9月，邓小平在坚持和发展马克思关于"科学技术是生产力"的思想基础上，根据当代科学技术发展的趋势和现状，提出了"科学技术是第一生产力"的精辟论断。邓小平的这一论断，体现了马克思主义的科学观。"科学技术是

第一生产力", 不仅是现代科学技术发展的重要特点, 而且是科学技术发展的必然结果。进入新世纪, 面对科技进步日新月异的新情况, 江泽民把科学技术提到了判断先进生产力标准的新高度, 这一重要思想是对马克思主义思想的继承, 是对邓小平"科学技术是第一生产力"思想的丰富和发展, 具有丰富的科学内涵。

第一, 不断提高科技进步在推动经济社会发展中的巨大作用, 促进经济社会持续快速发展。

第二, 加快科技与经济的融合, 加快科技成果向现实生产力的转化。

第三, 落实"科学技术是第一生产力"的思想, 加快经济发展, 最终创造出比资本主义更高的劳动生产率, 使人民更加相信社会主义。

第四, 提高全社会的科技意识, 在全社会形成"科学技术是第一生产力"的思想共识。

三、科学技术是先进生产力的重要标志

科学技术是先进生产力的重要标志, 主要体现在科学技

术决定着先进生产力的性质、方向、结构和水平。

第一，科学技术决定先进生产力的性质。生产力主要包括三个要素——劳动者、劳动工具和劳动对象（包括自然物经劳动加工后的原材料）。科学技术被劳动者掌握，便成为劳动的生产力；科学技术物化为劳动工具和劳动对象，就成为物质的生产力。科学技术一旦渗透和作用于生产过程中，便成为现实的、直接的生产力。目前，科学技术特别是高科技，正以越来越快的速度向生产力诸要素全面渗透，不断同它们融合。生产力的先进性质通过系统中每个要素的先进性表现出来。

第二，科学技术决定先进生产力的演进方向。20世纪以前，一般是在生产和技术的实践的基础上，形成科学理论。在当代，科学技术的超前发展，以分子生物学、生物化学、微生物学和遗传学等学科为基础发展起来的生物技术，广泛地应用于工业、农业、医药卫生和食品工业等方面，推动着生产力的快速发展。

第三，科学技术推动产业结构不断升级。20世纪60年代以来，设计业、金融保险业、文化教育业、商业与服务业等第三产业在产业结构中日益占据主导地位。70年代末，一些发达国家高科技产业在整个产业结构中的比重超过50%。

第四，科学技术成为衡量生产力先进水平的标准。科学技术对经济增长的贡献率越来越大，成为衡量生产力先进水平的重要因素。目前发达国家科学技术对国民经济总产值增长速度的贡献率为60%—80%。

四、"科学技术是第一生产力"蕴含着重大的理论和实践意义

（一）科学技术是推动现代生产力发展的最重要因素

马克思曾经指出，生产力中也包括科学，劳动生产力是随着科学和技术的不断进步而不断发展的。马克思的这一论断越来越被社会发展的实践所证实。生产力的基本要素是生产资料、劳动对象和劳动者。科学技术作为生产力的内在要素，渗透在生产力的其他要素之中。生产力中劳动者、劳动工具、劳动对象和管理水平各个要素中科技含量的提高，推动整个生产力水平的提高。因此，科学技术已经成为推动生产力发展的主要要素。

（二）当代科学技术已成为生产力发展的突破口或生长点

过去，生产力发展的突破口或生长点主要靠劳动力、资本和自然资源的投入。在近代，蒸汽机的广泛使用直接推动了交通运输业、纺织业、冶炼业的变革，成为推动近代生产力发展的突破口或生长点。当代社会，随着知识经济时代的到来，科学技术、智力资源和信息产业日益成为推动近代生产力发展的突破口或生长点。

（三）现代化科学技术的超前性对生产力发展具有先导作用

19世纪之前，生产、科学、技术三者的关系主要表现为，生产的发展推动技术进步，进而推动科学的发展。19世纪末，以电力技术革命为标志的第二次技术革命以来，科学、技术、生产三者关系开始发生变化，主要表现为，科学推动技术进步，再推动生产的发展。科学技术日益走在社会生产的前面，开辟着生产发展的新领域，引导生产力发展的方向。正如邓小平所指出："现代科学为生产技术的进步开辟道路，决定它的发展方向。许多新的生产工具新的工艺，首先在科学实验室里被创造出来。""大量的历史事实已经证明了：理论研究一旦获得重大实现，迟早会给生产和技术带来极其巨大的进步。"

（四）加快创新，全面落实"科学技术是第一生产力"的思想

经济社会发展的实践越来越证明科学技术是第一生产力，社会主义现代化建设必须重视科技创新，在实践中不断落实"科学技术是第一生产力"的思想。而当今世界各国以综合国力为核心的竞争，就是比科技的创新，我国要不断加快科学技术创新的步伐。

21世纪，科技创新将成为生产力发展的主要标志，决定着一个国家、一个民族的发展进程。我们要抓住新一轮世界科技创新的机遇，加强科技自主创新，提高原始创新能力和关键核心技术创新能力，加快重大科技成果产业化，把提高科技创新能力作为提高国家竞争力的中心环节。

实现科技创新，关键是建立和完善国家创新体系。将科技创新作为国家基本战略，大幅度提高科技创新能力，加强自主创新、集成创新，全面增强科技创新能力，形成有利于国家科技快速发展的创新体系。

促进科技、经济结合，推动企业自主创新。科技工作者要积极参与企业技术创新能力建设，使科研人员与企业密切配合，使企业真正成为科研开发和技术创新的主体。促进引进国外先进技术的再创新，推动建立科技成果有效转化为现实生产力的机制，不断提高我国经济增长质量和国际竞争力，提高国家核心竞争力，为促进经济社会全面协调可持续发展提供坚实的科学技术基础。

实现创新的关键是人才。当今世界的竞争，从根本上说是人才的竞争。要加快科学技术的发展，主要靠人才。人才是最关键、最根本的因素。充分发挥全体人民的积极性、主动性和创造性，提高全体人民的思想道德素质和科学文化素质，不断提高他们的劳动技能和创造才能。要在全社会认真贯彻尊重劳动、尊重知识、尊重人才、尊重创造的精神，要在各行各业、各个领域普遍建立起有利于人才成长和脱颖而出的机制，为改革开放和现代化建设提供强大的人才保证。

党要始终代表先进生产力的发展要求，必须全面落实"科学技术是第一生产力"的思想。先进生产力是用先进科学技术武装起来的生产力，我国要在本世纪中叶实现经济、政治、文化和社会的现代化，必须在高科技的发展上占有自己的位置。只有大力推进科技进步，发展高科技，实现高新技术产业化，抢占当代先进生产力的制高点，才能代表先进社会生产力的发展要求，才能在国际竞争中立于不败之地，实现生产力的跨越式发展。

参 考 文 献

[1]田克勤. 邓小平体系研究[M]. 长春：东北师范大学出版社，1997.

[2]杨春贵. 邓小平理论的科学体系、精髓和首要问题[J]. 邓小平与当代中国和世界——国际学术研讨会论文集，2004（6）.

[3]马建刚. 社会主义的本质、特征、体制及相互关系[J]. 四川省公安管理干部学院学报，1999（5）.

[4]马成斌. 社会主义初级阶段理论是邓小平理论的重要基础[J]. 福建电大学报，2000（2）.

[5]王吉清，赵美生，徐东升. 试论建设有中国特色社会主义理论的主题[J]. 莱阳农学院学报，1995（2）.

[6]余正琨，黄淑娟. 论中国共产党对社会主义本质理论的丰富与发展[J]. 求实，2011（10）.

[7]李明芹. 对邓小平共同富裕理论的认识[J]. 安徽教育学院学报，1996（7）.

[8]张硕. 马克思主义共同富裕思想及其在当代中国的实践研究[D]. 中央民族大学，2012.

[9]朱旭东. 邓小平理论对《共产党宣言》基本原理的坚持和发展——纪念《共产党宣言》发表150周年[J]. 内蒙古大学学报，1998（1）.

[10]黄家茂. 邓小平社会主义本质论的哲学思考[J]. 安徽农业大学学报（社会科学版），2001（3）.

[11]李红波. 马克思恩格斯关于社会主义本质的价值揭示[J]. 广西社会科学，2002（6）.

[12]罗小青. 马克思恩格斯社会主义本质观初探[J]. 福州党校学报，2002（1）.

[13]党毅. 发挥思想政治工作保证作用促进企业持续规范健康发展[J]. 广西电业，2003（12）.

[14]张存生. 刘少奇在八大前后对社会主义经济建设道路的探索[J]. 内蒙古电大学刊，2011（3）.

[15]李金龙. 马克思主义经典作家关于社会主义本质特征

的基本思想[J]. 求索，1999（3）.

[16]唐莉. 斯大林社会主义发展阶段思想评析[J]. 淮南师范学院学报，2005（2）.

[17]叶剑锋，游翔. 列宁社会主义观研究[J]. 黄冈师范学院学报，2000（10）.

[18]王敏. 马克思主义关于社会主义本质特征的当代思考[J]. 理论学习，2004（2）.

[19]郭东敏. 论毛泽东对中国特色社会主义道路的先行探索[D]. 西北大学，2011.

[20]刘洪森. 毛泽东社会主义社会建设思想研究[D]. 东北师范大学，2009.

[21]姚桂荣. 毛泽东对探索中国社会主义建设道路的历史性贡献——以纠正"大跃进"期间出现的"左"的错误为视角[J]. 马克思主义与现实，2013（3）.

[22]朱哲. 邓小平社会主义本质理论研究[D]. 吉林大学，2004.

[23]邱琳. 社会主义本质论与科学发展观[D]. 贵州师范大学，2006.

[24]王文章，薛汉伟. 社会主义本质理论是怎样提出的[J]. 马克思主义与现实，1997（6）.

[25]王小刚. 浅谈社会主义本质理论的科学涵义[J]. 江苏教育学院学报（社会科学版），2004（5）.

[26]曾林. 邓小平社会主义本质论的政治意义、理论意义及实践意义[J]. 渝州大学学报，1996（6）.

[27]杨文霞，王奇英. 发展是硬道理与又好又快发展[J]. 黑龙江社会科学，2007（8）.

[28]王观松. "三个代表"重要思想科学体系探索[D]. 武汉大学，2004.

[29]中宣部理论局. 人类智慧的一座灯塔：科学技术是第一生产力[J]. 中国民营科技与经济，2003（3）.

[30]匡萃坚. 试论列宁社会主义观的历史性转变[J]，江西财经大学学报，2002（5）.

[31]蔡亚志. 列宁的社会主义观与中国特色社会主义道路[J]，科学社会主义，2008（2）.

[32]沈宗武. 斯大林模式对中国现代化道路选择的影响[J]，当代世界与社会主义，1999（4）.

[33]申中悟. 斯大林模式是"历史的错位"吗——与毛立言商榷[J], 马克思主义研究, 1999（5）.

[34]姜忠. 学习邓小平关于社会主义本质的科学论断[J], 四川党史, 1994（9）.

[35]余正琨. 论科学发展观对"三大规律"认识的丰富与发展[D]. 江西师范大学, 2010.